LA FRANCE
M'ÉPUISE

DU MÊME AUTEUR

Romans

Les jeunes hommes.
Les forêts de la nuit.
Chers corbeaux.
Les justes causes.
La parade.
Cygne sauvage.
La quarantaine.
Un jeune couple.
Le roseau pensant.
L'horizon dérobé, I *.
La moitié du chemin, II *.
Le battement de mon cœur, III *.

Récits

Siegfried.
L'échelle de soie.
Un saint au néon.
Le thé sous les cyprès.
L'étage noble *.

Essais

Haute École.
À la recherche du temps posthume.
Cinéma.
Un miroir le long du chemin, journal.
La Chine m'inquiète, pastiches.
Questions à la littérature.

*Les ouvrages marqués d'un * sont édités par Flammarion.*

JEAN-LOUIS CURTIS

La France m'épuise

PASTICHES

FLAMMARION

Il a été tiré de cet ouvrage :

VINGT EXEMPLAIRES SUR PUR FIL
DES PAPETERIES D'ARCHES
DONT QUINZE EXEMPLAIRES NUMÉROTÉS DE 1 A 15
ET CINQ EXEMPLAIRES, HORS COMMERCE, NUMÉROTÉS DE
I A V.

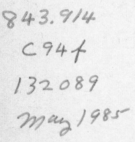
© Flammarion, 1982.
Printed in France
ISBN 2-08-064453-X

SAINT-SIMON

Mémoires

Cette quinzaine de Noël 1980 vit les avances réitérées du moine perse au président des États-Unis touchant la restitution des otages, en échange d'une somme énorme qui aurait suffi à nourrir deux ou trois nations pauvres pendant plusieurs années. Le président américain eut la faiblesse de céder à ce honteux marché de brigands et entama les négociations, que le moine pressait fort, par la crainte du successeur de M. Carter, qui devait entrer en fonction au début de l'année suivante. Ce ne fut point le seul outrage infligé aux nations chrétiennes par l'Islam. Le despote de la Libye envoya ses troupes au cœur de l'Afrique occuper un ancien territoire français, y installer un gouvernement à sa solde et menacer la France de représailles si elle s'avisait de veiller à ses intérêts dans ces régions. L'insolence du Maure fit déborder mon indignation qui bouillait depuis des mois. Je courus à l'Élysée pour m'entretenir avec M. Giscard d'Estaing, qui m'avait toujours témoigné des égards extrêmes, tant par la considération de mon nom et de mon rang que par le cousinage à la mode de Bretagne avec madame sa femme, née Brantes. Au vrai, j'étais si fort dans sa privance et familiarité qu'il avait souffert plusieurs fois mes remontrances et que je lui chantasse pouilles sur les erreurs que je voyais dans sa conduite des affaires. Il me permettait de jouer les conseillers et l'on peut penser que je ne m'en privais point. Je trouvai dans l'antichambre le jeune d'Ormesson qui venait présenter au président, selon la coutume, le dernier élu de l'Académie française, qui, pour la première fois dans l'histoire de cette compagnie, se trouvait être une dame, et même demoiselle : une Mlle de Crayancour, de souche flamande, qui avait publié plusieurs ouvrages fort distingués sous le nom anagrammatique de Yourcenar. Cette élection sans précédent avait fait grand bruit dans le monde, à la grande satisfaction du gros des femmes et au mécontentement de beaucoup d'hommes, dont j'étais, par la crainte qu'ils avaient que cette gangrène de féminisme ne gagnât de proche en proche toutes les institutions et ne finît par soumettre le pays tout entier à la folle tyrannie du jupon. D'Ormesson, sachant parfaitement ce qui m'était dû, s'inclina fort bas et me fit force compliments, auxquels je répondis par un salut assez court et une révérence à la dame ; puis, comme un homme qui ne peut plus contenir un trop-plein, je courus à la porte du cabinet, où deux grands diables d'huissiers prétendirent d'abord

8

m'en interdire l'accès ; mais, voyant mon air résolu et que je n'étais pas d'humeur à souffrir la moindre résistance, ils se résignèrent, pâles et tremblants, à me laisser entrer. Le président qui était assis à son bureau se leva d'un bond, comme effrayé de mon audace et d'une visite qui ne lui avait point été annoncée, et me demanda, en chuintant plus que jamais à l'auvergnate, ce que je lui voulais. Sans le moindre préambule ni aucune feinte d'entrée en matière, je lui déclarai tout net que j'étais hors de moi, que la cause de mon transport était l'océan de négligences où l'on laissait sombrer les affaires de l'État, dont la plus principale eût été de châtier le Maure libyen, qui poussait l'audace jusqu'à contester la légitimité de notre présence morale chez ces nègres où nous avions été souverains de fait et de droit pendant plus d'un siècle. Le président m'interrompit en levant les bras au ciel et en gémissant : « Mais, Monsieur le duc, comment pourrions-nous le châtier ? » Je repartis de plus belle, en lui rappelant maint exemple de notre histoire passée, le soufflet du bey d'Alger à notre ambassadeur et la guerre qui s'ensuivit aussitôt, fort avantageuse pour nous, l'autorité de nos proconsuls courbant sous une juste loi ces vagues peuples barbares, jusqu'à ce que notre puissance impériale fût anéantie par les pernicieuses doctrines des démocrates et la déplorable politique d'abandon de feu le général de Gaulle, conduisant à un désastre si profond et si absolu qu'on l'eût pu croire définitif mais il semblait qu'il n'y eût pas de limite à notre abaissement, puisqu'un obscur chef bédouin avait pu piétiner les restes misérables de notre présence en Afrique sans que le président de la France en eût seulement branlé ; qu'il convenait, poursuivis-je sans reprendre souffle, si nous ne voulions pas être la honte de l'Europe et du monde, d'envoyer au plus tôt un corps expéditionnaire en Libye pour s'emparer du Khadafi et l'exposer au pilori sur la place publique de sa capitale avant que de le livrer au bourreau ; qu'il était d'ailleurs tout aussi urgent de réparer les désordres intérieurs que de rétablir notre autorité *in partibus*, qu'il fallait donc aussi mettre un frein à la puissance exorbitante des syndicats et expédier leur chef le plus actif, l'abominable Séguy, en le faisant pendre ; que si l'on reculait devant l'éclat d'une mesure aussi publique, on pouvait soudoyer secrètement un tueur à gages, personnage fort aisé à trouver en un siècle où l'argent décidait de tout ; que si l'on hésitait à recourir aux offices de la canaille pour crever les abcès dont se mourait l'État, je me chargeais moi-même de la besogne, gratis, et me faisais fort d'expédier le Séguy d'un coup d'épée, pourvu que le président m'en donnât licence ; à quoi M. Giscard d'Estaing s'exclama que je perdais l'esprit, qu'on ne réglait point ainsi les affaires dans une république, que les lettres de cachet n'étaient plus de mode, et qu'enfin c'était bien étrange qu'un chrétien aussi fervent que M. le duc de Saint-Simon se proposât de tuer quelqu'un par raison d'État. Je lui rétorquai qu'une telle action ne serait nullement un crime au regard du Ciel et que j'étais fort assuré d'obtenir l'absolution d'un prêtre honnête, si du moins il s'en trouvait encore dans le clergé français, composé d'hérétiques, d'apostats et de libertins. Emporté par mon élan, je profitai de la stupeur où je voyais que mon discours avait jeté le président pour l'accabler encore davantage sous les coups les plus atroces, en lui représentant le racornissement continu de sa faveur auprès du peuple, la mascarade de notre participation comme honteuse et rasant les murs aux jeux Olympiques de Moscou, et pour couronner tant de compromissions, celle suprême du rampement à Varsovie aux pieds du czar Brejnev.

— Monsieur, continuai-je en m'échauffant de plus belle, le pays vous a porté à la magistrature suprême parce qu'il pensait tenir en vous un sûr garant de l'indépendance nationale, de l'ordre public, de la hiérarchie des classes et de l'opposition aux funestes doctrines du collectivisme. Or, vous n'avez cessé depuis votre avènement de tromper toutes les espérances qu'on avait placées en vous, en jouant à toute occasion et comme à dessein le jeu de vos adversaires. Vous avez affaibli les patrons des entreprises industrielles par l'alourdissement de leurs impôts et de leurs charges ; en revanche, vous vous êtes avisé de vouloir gagner les classes inférieures par la belle invention de payer un salaire même à ceux qui ne travaillent pas, folie sans précédent dont profitent les paresseux et les parasites, au grand dommage du Trésor public. Vous avez donné licence à vos plus implacables ennemis de vous insulter impunément par le truchement des gazettes. Il suffisait d'être dans l'opposition pour mériter vos complaisances et de militer dans vos rangs pour essuyer vos mépris. Vous caressiez les philosophes et les cuistres des lettres qui se glorifiaient de vous haïr et on dînait à votre table pourvu qu'on fût marxiste, libertin ou bougre, ou les trois ensemble. Vous avez cru vous concilier vos adversaires en composant avec eux ; mais vous n'avez réussi qu'à démoraliser vos amis et à les diviser, sans gagner pas un de l'autre bord, car le sectarisme se gausse des avances qu'on lui fait, où il ne consent à voir justement que démission et faiblesse. Sous votre septennat, la nation aura eu le spectacle singulier d'un gouvernement prétendument libéral qui poursuit avec perversité une politique socialiste et abandonne aux cuistres de la gauche le pouvoir occulte et sournois qui, par le moyen des gazettes et des machines à informer, modèle et régente l'opinion. Vous aurez affaibli votre parti, renforcé celui de vos ennemis et préparé le lit du socialisme.

Le président accablé s'affaissa dans son fauteuil et porta les mains à son front. Sans lui laisser le temps de se remettre, je lui remontrai qu'il n'était point trop tard pour redresser la situation, pourvu qu'on prît les mesures les plus urgentes, à savoir l'envoi d'un corps expéditionnaire à Tripoli, l'exécution du tyran libyen, l'anéantissement du Séguy, et museler les syndicats. Je le conjurai d'annoncer sans plus tarder sa candidature aux élections présidentielles et de mander auprès de lui Mme Marie-France Garaud, cette intrépide Clorinde qui, seule du domestique de l'État, avait le courage de dénoncer l'impérialisme russe et le péril universel que représentait la puissance de cette nation. Au nom de Garaud, le président poussa un cri comme si je l'eusse heurté au plus sensible et me répliqua d'un air farouche qu'il n'admettrait jamais auprès de lui une femme qui l'avait censuré avec tant de liberté.

— Hé quoi ! lui dis-je. Vous voilà soudain fort chatouilleux sur l'amour-propre, vous qui avez déclaré à l'aube de votre règne qu'on pourrait vous outrager impunément et que l'offense au chef de l'État serait désormais tenue pour une bagatelle. Que voilà donc une rancune qui ressemble fort à du dépit !

Je me gardai de poursuivre sur ce sujet que j'aurais pu pousser fort loin, car je n'ignorais pas qu'à peine élevé à la magistrature suprême et fort enhardi d'une érection si éclatante, il avait tenté de s'introduire dans les bonnes grâces de Mme Garaud, dont il fut promptement détourné par cette dame, qui avait autant de vertu que de beauté. Mais il eût été imprudent de pousser ma pointe de ce côté.

Lors de cette entrevue fort longue et fort animée, j'eus tout loisir d'observer le président. C'était

13

alors un grand homme sec et chauve, une manière d'Anglais assez hautain que le hasard de la naissance aurait transplanté en France, avec un visage figé par le souci de celer sa pensée ou par un sentiment exagéré de la dignité, qui imprimait aux traits une impassibilité marmoréenne dont on ne se voulait point départir là même où tout autre, et moi le premier, eût tempêté tout son saoul. La fureur ne se trahissait en lui que par un rétrécissement horizontal des yeux, dont on voyait se plisser les paupières jusqu'à filtrer un regard meurtrier, et par le chuintement accentué de la voix. Il savait pourtant radoucir cette physionomie sévère quand il voulait charmer, ce qu'il faisait spontanément avec toutes les femmes, car il avait un tempérament fort chaud et abondant qui se fût accommodé des mœurs du Grand Turc et d'un sérail de concubines ; mais bien que vivant à Paris et sous la contrainte de sa fonction et de la surveillance publique, il ne se bridait nullement sur ses appétits, qu'il assouvissait partout où il le pouvait avec l'emportement de son ancêtre Louis XV. La seule passion qui fût capable de juguler chez lui les impatiences des sens était celle du pouvoir, qui n'avait pas de limites. Il s'était préparé depuis le berceau à gouverner la nation et nul ne possédait au même degré que lui les vertus et les connaissances nécessaires à l'exercice de la charge suprême. En vérité, il était né pour régner ; mais des dispositions si grandes et si avantageuses se trouvaient compromises et gâtées à la source par l'idée funeste, quoique universellement révérée en cette fin de siècle, de l'égalité, selon laquelle les hommes devaient être traités sur le même pied en dépit des mérites si diversement répartis par la nature et au mépris même de la naissance, tant la Révolution de 1789 exerçait encore ses ravages deux cents ans plus tard sur les meilleurs esprits. Non qu'il sentît cette idée comme juste dans le secret de son cœur, étant fort pénétré des prérogatives de son rang et de la grandeur de son nom, mais il se résignait à la faire sienne par conformité aux modes du siècle et par la croyance qu'on ne pouvait prétendre à gouverner des sujets civilisés si l'on ne commençait par les bercer de quelque espérance d'avancement. Ce mélange de hauteur innée et de sot catéchisme égalitaire composait au président Giscard une figure indécise, ni chair ni poisson, qui ne plaisait franchement à personne. Il eut beau se dépenser en arlequinades démagogiques, en allant dîner chez des gens de rien, ou en jouant de l'accordéon en public, il n'obtint jamais le suffrage populaire que les Français n'avaient pas marchandé au général de Gaulle, pourtant si glorieux, si imbu de sa grandeur, mais en même temps si jaloux de celle de la France qu'il chatouillait secrètement l'amour-propre de cette nation vaine. Il eût pu asseoir son autorité sur être le rassembleur de ceux qui voulaient lutter contre le communisme, fort nombreux encore dans le pays, mais son acceptation des menées impérialistes de la Russie, sa mollesse devant les criailleries de la canaille, sa flatterie des pédants de la gauche le perdirent. Ce démocrate malgré lui avait cru qu'on apprivoisait le monstre populaire en le caressant dans le sens du poil : illusion cruellement trompeuse qui devait le mener à l'échec du 10 mai et plonger la nation dans le désastre du socialisme.

En sortant de l'Élysée, je me fis conduire chez le prince Michel Poniatowski, qui remplissait la charge de conseiller auprès du président et qui m'avait toujours traité avec des égards extrêmes. Il était le seul du domestique parlementaire qui eût de la naissance, par les anciens rois de Pologne dont il descendait en droite ligne, ce qui le faisait haïr du reste de l'Assemblée, même de ceux de son bord, dont le gros était issu de la lie du peuple. Avec la figure et la tournure d'un vigneron de Bourgogne, il avait du monde, et du meilleur, les manières les plus policées, et infiniment de savoir, ayant voulu tâter de toutes les sciences, même de celles qui prétendent décrire l'avenir et qu'on désigne pour cette raison du nom barbare de futurologie. Malgré ce hochet de vain prophétisme dont il s'amusait, et qui m'irritait fort, je tenais le prince en estime singulière. Il était de mes rares amis, avec M. le comte Ghislain de Diesbach dont il sera parlé plus loin. Je lui narrai ma visite à l'Élysée, la tempête de mes remontrances, l'averse des reproches, la menace suspendue de l'échec aux élections, le président outré de douleur, l'alternance dans son regard et son maintien du plus âpre ressentiment à mon endroit et de la honte à essuyer des vérités aussi cruelles. Le prince m'écouta sans branler, même aux endroits les plus terribles. Il me félicita de mon courage et me dit qu'il avait fait maintes représentations au président, quoique plus modestes et courtes que les miennes, et sans jamais se départir du respect qu'il devait au chef de la nation ; qu'on l'avait écouté poliment, sans laisser pourtant d'en faire à sa tête et de poursuivre les chimères de démocratie en France et de détente avec l'étranger ; qu'il pensait comme moi qu'au train des choses le pays était précipité vers l'abîme ; qu'un espoir restait de rétablir l'équilibre dangereusement menacé si tous ceux de la majorité unissaient leurs efforts et mettaient une sourdine à leurs querelles. Il me manda que beaucoup de gens, prévoyant déjà la défaite de la majorité, commençaient à prendre des précautions en vue d'un changement de régime. Beaucoup transportaient une partie de leur fortune à l'étranger, où ils s'aménageaient une retraite. D'autres se convertissaient au socialisme, rejoignant par là les cohortes des dévots pour qui les doctrines de la gauche, hautement proclamées, étaient une manière de couverture protectrice à l'abri de laquelle ils pouvaient continuer à jouir paisiblement des privilèges du rang et de la fortune : espèce dont le maire de Marseille, M. Defferre, riche à milliards, était le modèle accompli. Depuis un demi-siècle, le socialisme constituait en France une religion fort commode, qui procurait à ses adeptes l'aise morale d'une conscience satisfaite, jointe à tous les avantages de la solidarité active où se tiennent les membres d'une secte. C'était une religion où les faux dévots l'emportaient de loin sur les vrais. Sans avoir la moindre veine de croyance véritable, ces faux dévots en prennent le fanatisme, qui les aveugle et les rend stupides, mais aussi fort hargneux et dangereux. Fanatisme que l'on vit descendre à des abîmes de bassesse lorsque certains clercs de la gauche, par espoir de fausser le jeu électoral en faveur de leur parti, signèrent des listes de soutien à la candidature d'un histrion nommé Coluche. On peut juger combien de gens, après le 10 mai, coururent s'inscrire au parti socialiste. On en vit la tourbe affluer sans vergogne rue de Solferino le soir même des élections, à peine connus les premiers résultats. Les Français changent d'opinion et de parti au gré de leurs intérêts, selon les fluctuations du pouvoir.

Le prince s'étendit sur Michel Jobert qui se donnait les gants de censurer tout le monde et de donner son avis sur tout, avec une outrecuidance sans pareille. Encore ne pouvait-on prévoir à cette date qu'il serait acquis au parti vainqueur et porté par le nouveau président à la fonction de ministre du Commerce extérieur. Toutes les honnêtes gens sentirent l'indécence de cette érection de Jobert.

Ce premier trimestre de l'année 1981, la France vit défiler sur la lanterne magique appelée télévision dont s'ornait maintenant chaque foyer les têtes les plus marquantes des divers partis qui devaient s'affronter au cours de la campagne électorale. Le président Giscard d'Estaing et son rival M. François Mitterrand y parurent la semaine précédant le 10 mai. Le président l'emporta aisément sur le chapitre de l'économie où il avait des connaissances exactes et les plus étendues et qu'il entendait mieux que pas un. L'autre se défendit comme un diable, montrant malgré lui ses ignorances, mais se rattrapant dans la perfidie, qui chez lui était suprême. C'était merveille de voir ces deux hommes tenir la bride courte à leur haine mutuelle, qui éclatait dans le frémissement des voix et le feu des regards. M. Mitterrand contrefaisait le doucereux, plissait les paupières et avançait les lèvres en cul de poule, d'où sortaient les traits les plus perçants, mais sur un ton emmiellé et comme chattemite. J'avais eu plusieurs fois l'occasion de l'approcher et de lui parler, en particulier chez une dame anglaise de mes amies, Mme Violet Trefusis, avec qui il était aussi fort lié. C'était, dans le privé, un homme de bonne compagnie et même charmeur, qui savait écouter de façon à laisser croire que ce qu'on lui disait était d'un grand prix, si bien qu'on le quittait fort content de lui et de soi, et qu'il fallait ensuite faire un effort de réflexion pour remettre les choses à leur place réelle et se pénétrer à neuf de la pensée que cet homme était, en dépit de ses blandices, un adversaire. On ne se retenait pas de l'estimer pour ses grandes qualités d'esprit, un peu moins pour son caractère qu'on devinait plein

19

de retraites sombres, surtout si l'on se souvenait de sa conduite lors du soulèvement des écoliers en 1968. Il était entiché des belles-lettres, où il goûtait surtout les auteurs du bord opposé au sien ; et il se piquait lui-même d'écrire, ayant publié plusieurs ouvrages fort loués par tout le monde, sur sa conception du socialisme et de l'État et divers autres sujets touchant le gouvernement des hommes. Comme M. Giscard d'Estaing, il couvait depuis l'enfance l'ambition la plus farouche ; et depuis que le général de Gaulle avait accédé à la conduite des affaires en 1958, il rongeait son frein dans la grinçante impatience d'une occasion de pouvoir qui se dérobait toujours. Pendant cette longue et rageuse attente, il ne gaspilla point son temps, s'employant à remettre sur pied et à fortifier un parti socialiste presque exsangue, dont il enfla les rangs et où il s'attribua sans peine le rôle du chef. Il enveloppa d'un nuage d'obscurité et d'équivoque ses relations avec le parti communiste, ennemi congénital et naturel du sien ; mais ce sont frères ennemis qui sont obligés de pactiser et de s'unir, du moins en façade, car ils ne peuvent rien isolés, comme ces jumeaux siamois attachés l'un à l'autre par une membrane et qui mourraient chacun de son côté si l'on s'avisait de les séparer. M. Mitterrand ne pouvait songer à l'emporter aux élections qu'avec l'appui des voix communistes au second tour ; d'où la fiction de l'Union de la gauche, qui ne trompait personne, mais dont les deux participants devaient, en renâclant, tolérer

20

l'odieuse contrainte. Ainsi les deux compères se firent-ils mille déclarations d'amitié pour la galerie, chacun se promettant à part soi de se débarrasser de l'autre aussitôt qu'il serait en selle, jusqu'à ce que l'acrimonie qui les gonflait ne se pût contenir d'éclater au grand jour. À la veille de l'élection, M. Mitterrand avait pourtant si bien manipulé le parti communiste qu'il était assuré d'être soutenu par lui. Cet homme possédait l'habileté d'un Machiavel jointe au zèle d'un dévot sincère, ayant hérité la première de son éducation chez les maristes et contracté le second par un étroit commerce avec les écrits et la pensée des prophètes athées du siècle dernier, comme Proudhon et Jaurès. C'est dire qu'il était un homme fort dangereux, car la réussite ne peut manquer de venir à la longue à ceux qui ont de concert la foi et la ruse, l'une comme moteur de l'action, l'autre comme son moyen. Au physique, il n'était ni grand ni petit, la tournure assez corpulente, la tête un peu grosse engoncée dans les épaules, tous les traits réguliers et beaux, dont le plus remarquable était les yeux papillotants, au regard insaisissable sauf quand il s'efforçait de le fixer. Il ressemblait à beaucoup de Français, si bien qu'il rassurait presque tout le monde, au contraire de M. d'Estaing dont la froideur tenait son monde à distance, et du général de Gaulle qui avait l'air d'un phénomène tombé d'une autre planète. Il était plutôt de la famille physique de feu Pompidou, portant l'estampille originelle du peuple, ce qui plaît fort aux

Français. Il avait une manière de dignité bourgeoise, et même, quand il se promenait dans ses terres des Landes, coiffé d'un béret, presque rurale, qui lui tenait lieu de majesté, et un air d'intelligence qui éclairait le massif et le carré de sa physionomie.

Au début de janvier, je dînai un samedi au Jockey Club avec M. le comte Ghislain de Diesbach qui était fort de mes amis et dont il sera parlé souvent et avec prédilection au cours de ces *Mémoires*. Il appartenait à une bonne maison de la Suisse et avait été élevé par les siens dans le respect de l'ordre et des traditions et le sentiment de son rang, dont il ne tirait nulle vanité, mais auquel il était toutefois fort attaché, comme à ce qui peut encore prêter une apparence de solidité à un monde qui n'a plus aucune cohésion et se défait de toutes parts. Il était presque aussi versé que moi dans l'histoire des titres et des alliances et m'avait souvent consulté sur ma connaissance sourcilleuse du blason, science que personne ne se soucie plus d'acquérir en un siècle où la roture a les mêmes droits, et bien davantage, que la naissance. Il était dans le ravissement quand je l'entretenais de la généalogie des maisons les plus en vue et surtout quand je dégonflais les prétentions et réduisais à néant les chimères de tant d'autres. Nous avions passé des soirées entières et même des nuits à démêler le vrai du faux dans les titres et à établir le degré d'éclat ou d'obscurité des alliances. Cette occupation délicieuse nous charmait au point d'en oublier le boire et le manger. On peut sourire en prétendant que ce sont là des riens, indignes de retenir l'attention d'un homme de notre siècle ; mais les historiens futurs feront dater le début de notre décadence et de celle de l'Europe du 14 juillet 1789, amorce d'une révolution qui mit fin à la monarchie, abolit les titres, massacra la noblesse et porta la canaille au pouvoir. On a fait du 14 juillet une fête nationale et l'on danse dans les rues, alors qu'on devrait plutôt se couvrir la tête de cendres et pousser les gémissements de Job sur son fumier. Mais trêve de vains regrets. M. le comte de Diesbach était un bel homme et avenant, les joues brillantes de santé, des yeux de feu, une bouche charnue, les dents au complet, et une voix propre au commandement militaire. Il était fort du monde, où son esprit et sa drôlerie lui valaient tous les succès, mais il ne s'y mêlait que parcimonieusement, par souci de préserver ses loisirs pour écrire des ouvrages d'érudition et de fiction où il mettait le plus précieux de ses qualités. Le jour de notre dîner de janvier, il m'annonça tout à trac qu'il avait été fort question, pour suivre l'exemple de l'Académie française qui venait d'élire Mlle de Crayancour, d'ouvrir le Jockey Club aux femmes, nouvelle foudroyante dont je pensai tomber à la renverse. Il me restait donc, après tant de déconvenues et de douleurs, à avaler ce dernier calice de notre belle forteresse du Jockey Club prise d'assaut par des hordes caquetantes de femmes. M. de Diesbach m'apprit que deux membres du Jockey avaient déjà tâté un peu de femmes en vue, par le canal naturel des leurs. On avait murmuré le nom de l'illustre Mme Louise Weiss, dont la longue carrière est jalonnée de combats en faveur des droits de son sexe. Celui qui la sollicitait avec le plus d'empressement était mon ennemi mortel, le duc de Noailles, président du Jockey Club, que je trouvais toujours sur mon chemin pour ma rage et mon malheur. Il avait été assoté de Mme Weiss soixante-dix ans plus tôt, quand tous deux fleurissaient au printemps de leur âge ; une braise mal éteinte et tardivement attisée le faisait soudain s'enflammer pour ce projet inouï de pénétration des femmes, sur lequel il s'opiniâtrait avec l'obstination des vieillards. Je ne nourrissais pour ma part aucun grief contre la bonne femme Weiss, avec qui j'étais, au contraire, en fort bons termes. Elle avait de magnifiques restes d'avoir été belle et je ne manquais jamais de la baiser quand je la rencontrais au Parlement ou dans les salons. C'était une personne imposante, qui pompait un peu l'air, et qui était habitée par un bizarre génie. Mais quoique j'en eusse en sa faveur, je ne pouvais admettre d'étendre au sexe les privilèges de notre association. Les épouses et les filles des membres étaient souffertes au Jockey comme invitées à notre table, point davantage. Je protestai si vivement, à voix si haute et si claironnante, que le tas de gentilshommes qui était dans la salle à manger se tourna vers nous ; assuré alors de l'attention pointée de ces membres, dont plusieurs étaient fort gonflés de leur importance, je m'écriai que, moi vivant, jamais pas une femme ne serait intronisée au club ; que nul plus que moi n'idolâtrait le sexe, mais que je prétendais le maintenir en la place où le Ciel et les plus vénérables traditions l'ont confiné depuis l'aube des temps ; qu'il fallait enfin s'opposer de toutes ses forces à ce poison de dégénérescence, qui, par les sourdes menées du féminisme et du gauchisme, attaquait toutes les institutions. Le gros des membres m'approuva par des hochements répétés ; d'autres se débandèrent lâchement et quittèrent la place, comme qui ne saurait tolérer d'en entendre davantage, d'où je mesurai combien la gangrène avait déjà gagné en étendue et en profondeur. Pour le duc de Noailles, j'étais prêt à l'étriper s'il avait le front de se montrer devant moi ; et je me promis qu'il ne perdait rien pour attendre.

M. le comte de Diesbach me proposa, en guise de consolation, de me conduire le lendemain, qui était dimanche, à l'église Saint-Nicolas-du-Chardonnet où se célébrait une messe selon le rite romain traditionnel, en latin, sans omettre un iota de la liturgie ancienne. Ce maintien de la messe en latin était l'œuvre d'un peu de fidèles que rebutaient les mœurs de l'Église nouvelle, le mélange abominable du politique et de l'évangélique, la crapule à quoi s'adonnaient, sous couvert de suivre le changement du monde, tant de jeunes lévites égarés. Je continuais à assister à la messe, mais chaque fois le cœur outré de douleur de ce

25

que j'y voyais et entendais. Le lendemain, M. de Diesbach me vint quérir chez moi et me conduisit à Saint-Nicolas-du-Chardonnet, sous le porche duquel nous fûmes accueillis avec des transports de joie par M. le comte Jacques de Ricaumont, un de ceux qui bataillaient pour le maintien du latin et des rites. Il me fit les salutations les plus respectueuses et les plus empressées et me mena au premier rang de l'assistance à la chaise qu'il m'avait réservée. Ce Ricaumont, issu d'une honnête lignée tourangelle, était fort répandu dans le monde, toujours couvert de duchesses et de princesses dont il était raffolé, grand ordonnateur de fêtes et enseignant les usages aux familles nobles qui les avaient oubliés ; d'un commerce délicieux, avec beaucoup d'esprit et de cœur ; confident et quelque peu chanoine du faubourg Saint-Germain, et fort entiché de la Grèce et des Grecs où il était l'idole également des grands et des humbles. Je suivis la messe en versant des torrents de larmes, au milieu du petit troupeau rassemblé dans cette église comme les premiers chrétiens dans les catacombes, ou plutôt comme les chrétiens des derniers jours, si pénétré que j'étais de la pensée que nous vivions à la veille d'épouvantables convulsions et aussi bien de la fin du monde.

CHATEAUBRIAND

Mémoires d'outre-tombe

Je reprends le fil de mes Mémoires — *Ma brochure* Du *libéralisme* — *Débat à la télévision. Attaque inqualifiable de M. Régis Debray* — *Une lettre du président Giscard d'Estaing* — *Échec de la majorité. Ses raisons* — *État de la majorité et de l'opposition au début de l'année 1981* — *Rôle de Jean-Paul Sartre. Le pouvoir culturel* — *Parallèle entre Marx et Lénine. Un espoir à l'Est* — *Le soir du 10 mai. Pouvoir de M. Mitterrand* — *Séjour à Rome. Changements de la cité. L'attentat contre le pape.*

1

Au soixante-seizième livre de ces *Mémoires,* on lit : « Les esprits étaient agités. La guerre civile larvée qui depuis deux siècles divise sourdement la France semblait prête à jaillir de ses cendres toujours rougeoyantes. Les factions s'affrontaient avec une rancœur haineuse. Chacun s'occupait du parti qu'il aurait à prendre dans l'éventualité d'un changement espéré par les uns, redouté par les autres. Tous les soirs, mes amis venaient me raconter les événements de la journée. Mme la princesse de Polignac, Mme la duchesse de La Rochefoucauld, Mme Solange Fasquelle sa fille, M. le duc de Castries, le baron Philippe de Rothschild, MM. Philippe Tesson, d'Ormesson, Jean Dutourd, d'autres non moins notoires, groupés dans ma mansarde, supputaient les chances du président Giscard d'Estaing et de son adversaire M. Mitterrand, blâmaient la mollesse de la majorité face à la ténacité de l'opposition. Je les écoutais. Je leur lisais les pages que j'avais rédigées dans la journée : elles soulevaient chaque fois leur enthousiasme. Ces pages devaient former ma brochure *Du libéralisme,* que ces amis me pressaient d'écrire afin de fournir à notre parti invertébré l'armature idéologique qui lui faisait si gravement défaut. J'avais entrepris ce travail sans ardeur et sans grand espoir, persuadé qu'il n'était plus temps de remédier à une situation déjà trop compromise par l'irresponsabilité et l'incompétence des hommes en faveur desquels on me suppliait de mener la lutte. Mais enfin, la monarchie étant morte, je voulais bien tenter de sauver une démocratie moribonde. Bien que je fusse recru de fatigue et presque à bout de souffle, je consentais à revêtir une fois encore l'armure du croisé ; mais combien j'eusse préféré me retirer au fond des forêts pour y finir mes jours sous la bure de l'ermite ! L'éclat de mon nom s'attachait encore au pauvre survivant courbé sous le faix de l'âge ; le bruit que j'avais fait dans le monde me suivait comme un écho affaibli, quand je ne souhaitais rien d'autre que l'obscurité et le silence. Je cédai aux sollicitations de tout ce qui m'entourait. À la fin d'octobre 1980, ma brochure était terminée. M. Jean Dutourd l'apporta chez l'éditeur Gallimard. »

Sept mois ont passé. Je réside toujours rue de la Pompe, chez mon amie la marquise de Casa Piccola, qui a recueilli ma vieillesse besogneuse et veille pieusement sur mes derniers jours. La défaite de notre parti est totale. Ma brochure a été emportée avec cent autres dans le torrent de papier qui roule sans trêve des presses de l'imprimeur aux égouts de l'oubli. Je ne le regrette point. Elle était périssable, comme la plupart des productions humaines. Je n'ai que trop barbouillé de papier dans mon interminable existence. Quand la machine s'arrêtera-t-elle enfin ? À peine si j'aperçois un cahier vierge d'écriture, je m'en empare aussitôt pour le noircir, entre deux bâillements. Il est vrai que cette manie, désormais innocente, ne risque plus d'agiter le monde : on peut laisser les vieillards à leurs jeux, qui n'ont pas plus de conséquence que ceux des enfants. La marquise m'a logé dans une mansarde de domestique, les deux chambres disponibles de l'appartement étant déjà louées à des personnes qui ont les moyens de payer un loyer. La crise du logement est sévère, les revenus rétrécissent comme une peau de chagrin. Deux fois par jour, une servante espagnole m'apporte ma pitance. Le soir, je soupe avec mon hôtesse. La servante est jeune et gracieuse. Je lui ai expliqué que son prénom, Carmen, signifie, en latin, poème. Elle ne comprend pas, et sourit, de confiance. Ce sourire est le rayon de soleil qui éclaire ma misère. La marquise de Casa Piccola est sourde. À table, je crie n'importe quoi dans son cornet acoustique. Elle me répond toujours de travers, mais avec un coup d'œil malicieux, comme si j'avais lancé quelque fine plaisanterie, ce qui serait, de toute façon, peu vraisemblable : je ne suis pas facétieux et n'aurais pas aimé l'être. Ainsi s'achève ma vie, entre deux pauvres créatures qui ne savent pas ce que je dis, mais qui font semblant de m'entendre : image véridique de notre destinée.

Je reprends le fil de mes *Mémoires*. Autrefois, j'écrivais sur des événements dont un grand nombre d'années me séparaient. J'écris aujourd'hui sur ceux que je viens de vivre. Tous les acteurs en sont encore vivants, le rideau n'est pas retombé sur leurs grimaces. Le mémorialiste est pressé par la mort imminente ; il raconte ce qui garde encore la fraîcheur de l'actuel, mais sans perdre de vue que toute actualité se défait à mesure qu'elle s'édifie : demain, les soubresauts français de 1981 paraîtront plus lointains que ceux de la décadence romaine, et beaucoup moins intéressants. Les passions inlassables des hommes ne laissent pas plus de traces sur les rives de l'Histoire que les

32

flots sur le sable des plages, qu'ils harcèlent depuis l'aube des temps avec une monotone fureur.

2

Du libéralisme fut publié le 5 janvier 1981. Mes amis me traînèrent à la télévision, où l'on devait m'exhiber devant des millions de mes compatriotes, en compagnie de trois ou quatre pauvres hères, gens de plume comme moi. Dans les démocraties modernes, les œuvres de l'esprit sont jetées en pâture à la masse, quand elles ne pourrissent pas dans les caves des maisons d'édition. On n'a pas le choix : c'est l'engloutissement du silence, ou le fort tirage. Le nom que je m'étais fait me vouait au fort tirage. Il me fallait donc me soumettre aux impératifs de ce que l'on appelle la publicité. Mon éditeur, M. Claude Gallimard, mes amis, mes lecteurs, mes fidèles n'eussent pas compris que je m'y dérobasse. J'aurais préféré m'enfuir au désert ou m'ensevelir dans un monastère ; mais puisque la diffusion de ma doctrine, l'appui que j'apportais à la majorité, l'influence que je pouvais avoir sur le vote des électeurs dépendaient en partie de mon passage sur les écrans de la télévision, je me laissai conduire, la mort dans l'âme, aux studios de la rue Cognacq-Jay.

Ce que dut ressentir le chrétien dans l'arène aveuglée de soleil, sous les regards des spectateurs hurlants, je l'éprouvai à plein lorsque je fus exposé aux feux des projecteurs. Je distinguai à peine les appareils qui approchaient de moi leurs énormes yeux mécaniques pour capter mon image et la transmettre à des millions d'inconnus. Le jeu de ce cirque consiste à mettre en conflit l'un avec l'autre des auteurs venant de bords opposés, afin de les faire s'entre-déchirer comme des gladiateurs dans l'amphithéâtre. L'un de ceux avec qui j'étais confronté se nommait Régis Debray. Issu d'un milieu bourgeois fort aisé, devenu révolutionnaire par inclination ou par caprice, il rejoignit les rangs des guérilleros en Amérique du Sud et, capturé, fut jeté dans les geôles de la Bolivie où il demeura plusieurs mois. Les plus hautes instances des nations européennes unirent leurs efforts pour obtenir du gouvernement bolivien qu'il fût relâché. Il revint en France nimbé de l'auréole du martyre. Il publia des essais politiques, et aussi un roman conforme au stéréotype élaboré autrefois par André Malraux, dans lequel le personnage principal est un partisan qui s'interroge sur les fins et les moyens de son action militante. Ces ouvrages sans mystère, mais non sans prétentions, ennuieraient mortellement les critiques les plus éveillés s'ils s'astreignaient à les lire ; mais comme on en peut rendre compte sans s'imposer le pensum, car il suffit pour cela d'enchaîner quelques formules puisées au décrochez-moi-ça intellectuel de l'époque, les chroniqueurs reconnaissants font toujours un sort à des productions qui facilitent si aimablement leur besogne hebdomadaire. On demanda à M. Debray s'il avait lu *Du libéralisme*. Avant même l'amorce d'une discussion qui aurait porté sur le fond de la doctrine, l'ancien guérillero rejeta, d'emblée, et la doctrine et l'ouvrage et l'auteur, la première comme dépassée, le second comme pompeux et ridicule, le troisième comme réactionnaire. Il usa de l'outrage et de l'insulte. S'échauffant, il alla jusqu'à me traiter de « débris d'un temps révolu ». Tout d'abord, je restai coi, interdit par la grossièreté avec laquelle ce Lénine en réduction se permettait de traiter l'auteur du *Génie du christianisme*. À la fin, une légitime colère, le sentiment de ma dignité, le dédain dont j'enveloppais l'insecte me rendirent la voix. Je parlai. Un silence étonné tomba sur l'assistance. Les machinistes médusés cessèrent de manœuvrer leurs appareils ; ils se contentèrent de les braquer sur moi. Pivot lui-même, charmé, s'interdit de m'interrompre. Tout fut suspendu à l'enchantement du verbe. Je ne m'adressai pas à mon insulteur. Préférant l'ignorer, je m'attachai à définir les linéaments moraux et sociaux d'un nouveau libéralisme adapté à notre siècle de progrès technique et d'idéal égalitaire. Les lumières de l'esprit inondèrent le studio. Tout fut transfiguré.

Après la séance, mes amis me pressèrent sur leur cœur. M. Jean Dutourd jubilait. M. Philippe Tesson prenait des notes en vue de son prochain éditorial dans *Le Quotidien de Paris*. Je fus entouré, escorté, presque porté en triomphe par ma troupe de fidèles. Nous allâmes souper chez Lipp, où notre entrée jeta l'émoi dans l'assistance. J'entendis chuchoter mon nom sur mon passage. Le maître de céans, M. Roger Cazes, me conduisit en grande pompe à la table des privilégiés, avoisinant celle de l'illustre Sapritch.

Au milieu de ces hochets de gloriole dont on pensait tromper le délaissement de ma vieillesse, je m'exclamais en moi-même : « Las ! Que me font vos honneurs d'un soir, vos égards inspirés par l'intérêt de l'heure ? Je n'ai jamais été sensible au fumet de la considération ni à l'encens des louanges. Recru de malheur et de lassitude, je ne me plais qu'au milieu des ruines, images de celles de ma vie. Je ne me nourris que de regrets, et la mélancolie seule désaltère l'aridité de mon cœur. »

3

M. le président Giscard d'Estaing lut ma brochure. Il me fit tenir la lettre suivante :

Palais de l'Élysée, 21 janvier 1981.

Monsieur l'Ambassadeur,
Cher et vénéré Maître,

Nous vous devons, Mme Giscard d'Estaing et moi-même, des remerciements pour la bonté que vous avez eue de nous adresser votre dernier ouvrage. Nous l'avons lu avec un plaisir et un intérêt extrêmes. Je ne doute pas, Monsieur, que votre belle et pénétrante étude n'apporte une aide considérable à notre cause, en montrant aux Français que la voix du salut passe nécessairement par le libéralisme économique, social, politique, confessionnel. Le prestige incomparable de votre nom et de votre œuvre, l'autorité de votre voix donneront à cet ouvrage un retentissement qui peut, en ce moment crucial de notre Histoire, changer nos destinées et celles de la Patrie. En ce jour anniversaire d'une mort dont la mémoire reste présente dans nos cœurs, je vous en remercie, au nom de la France et au mien.

Mme Giscard d'Estaing et moi-même serions très honorés et très heureux que vous acceptiez de déjeuner avec nous un jour prochain, à votre convenance.

Je vous renouvelle, Monsieur l'Ambassadeur, cher et vénéré Maître, l'expression de ma reconnaissance et de ma très haute et très respectueuse considération.

Valéry Giscard d'Estaing.

Cette lettre montre que je ne me vante pas, en mentionnant le bruit que mon nom et mon dernier ouvrage firent dans le monde en cet an de disgrâce 1981. Accoutumé à vivre enfoui dans l'obscurité la plus profonde, je préfère à toute la pompe du siècle l'entretien secret avec moi-même ou avec Dieu ;

mais que le devoir envers ma patrie m'appelle au sein de la solitude, point d'hésitation : je me lève et je retourne parmi les miens.

Je me rendis à l'Élysée pour une audience avec le chef de l'État. Je fus reçu comme le chef d'un État plus puissant encore, quoiqu'il ne figurât point sur les cartes : celui de l'esprit. M. Giscard d'Estaing était un homme fort distingué, doté d'une intelligence supérieure, mais qu'un excès d'habileté devait perdre : on ne gouverne pas une nation par le calcul ; on la gouverne par l'énergie, la continuité des vues et le concours de l'adhésion populaire. Le président crut qu'il fallait flatter le parti communiste pour faire pièce à M. Mitterrand. D'où son peu d'opposition aux Russes et ses politesses à M. Brejnev, par où il pensait amadouer les communistes et s'assurer le soutien de leur chef, M. Marchais, toujours en querelle avec M. Mitterrand. Rien n'était plus faux que cette manœuvre. Les attaques du parti communiste servaient M. Mitterrand, et d'autre part, M. Marchais était bien trop discipliné pour faire passer ses dissensions personnelles avant l'intérêt de la gauche prise dans son ensemble. Pour n'avoir pas mesuré avec exactitude ces deux facteurs, M. Giscard d'Estaing perdit la partie.

Il la perdit pour d'autres raisons encore, dont la principale était la faiblesse de la majorité, décomposée par l'aigre conflit des ambitions rivales dans son sein et sa fragmentation incompréhensible en clans antagonistes. La plus grande

partie du personnel qui la composait se révélait sans envergure et sans consistance. Tout macérait dans de pauvres chamailleries, honteusement disproportionnées à l'ampleur et à l'urgence des problèmes planétaires. Une atmosphère de sérail pesait sur ces cabales internes, où l'intelligence des meilleurs, privée de toute prise sur le réel, se dissolvait. Une forte personnalité se dégagea pourtant du morne troupeau : celle d'une femme, Mme Marie-France Garaud, qui avait longtemps fait figure d'éminence grise dans l'ombre du pouvoir, sous le septennat de M. Pompidou. Joignant dans sa personne la vénusté de son sexe à l'énergie de l'autre sexe, elle fut la seule, au cours de la campagne électorale, qui osât dénoncer l'impérialisme russe, débrider les plaies françaises et parler des vrais intérêts du pays. Sans soutien logistique, sans argent pour financer sa candidature, elle se savait condamnée à l'échec. Elle échoua ; mais cette voix éloquente et résolue sauva l'honneur du parti libéral.

Je l'ai dit : ce qui manquait le plus à la majorité, c'était une armature idéologique. Cette carence avait sa source dans le formidable malaise moral qui, depuis la chute des totalitarismes allemand et italien, accablait toute la droite française. Comme une partie de ses effectifs avait pactisé avec les fascismes, elle se sentait globalement contaminée par une culpabilité diffuse. La désignation même de « droite » devint infamante. L'empire sans cesse grandissant du marxisme sur les esprits acheva de confiner cette droite honteuse dans une clandestinité dont elle n'osa plus émerger pendant des années. Lorsqu'elle crut enfin pouvoir se montrer au jour, ce ne fut qu'au prix des plus radicales concessions : par crainte d'être taxée de réactionnaire, elle affecta un souci démagogique qui devait renchérir quelquefois sur celui de ses adversaires. Le général de Gaulle, en 1944, avait amorcé une politique réformiste social-démocrate que la véritable gauche honnissait. Sous la férule du président Giscard d'Estaing, le libéralisme dit avancé ne se contenta pas d'avancer. Il fit des bonds désordonnés dont ne lui surent gré ni ses partisans ni ses adversaires.

En face de cette droite coupable, inquiète, peu sûre d'elle-même, la gauche se rengorgeait dans le sentiment de sa légitimité. On n'a jamais vu, au cours de l'Histoire, sauf peut-être chez les dévots du XVIIᵉ siècle et les Jacobins de 1793, une satisfaction de soi, une complaisance aussi affichées et aussi imperturbables. Il suffisait de se dire « de gauche » pour être assuré de sa vertu et jouir de la considération universelle. Le bon droit se trouvait de votre côté, la grâce divine vous avait élu. Ceux qui n'épousaient pas votre cause étaient des damnés, tout juste bons à jeter à la géhenne. On ne daignait pas disputer avec eux, puisqu'ils étaient coupables. Le célèbre philosophe Jean-Paul Sartre les avait flétris, une fois pour toutes, d'un terme ignoble, emprunté au langage de la crapule, et que je ne reproduis ici qu'en priant le lecteur de m'excuser : les « salauds ». Ainsi, pour ce fils des lumières et pour les troupeaux dociles qu'il avait endoctrinés, la moitié du peuple français était composée de « salauds ». La bêtise d'un tel anathème ne semblait pas choquer la subtilité intellectuelle des rhéteurs et des sophistes.

Les historiens futurs conviendront sans doute que Jean-Paul Sartre, tout bardé qu'il était de dialectique phénoménologique, était un des esprits les plus faux et les plus sectaires qu'ait produits un siècle voué à toutes les impostures et à tous les fanatismes. Ses ouvrages bavards, assurés, dogmatiques mais pétillants d'ironie, traduisaient avec force certaines hantises de l'époque. Ils avaient beaucoup pour séduire. Ils séduisirent. Les poisons de Sartre auront parachevé l'œuvre de longue haleine entreprise par les grands destructeurs français qui, de Voltaire à Gide, se sont acharnés à ruiner l'édifice de la civilisation occidentale et chrétienne. Abhorrant la bourgeoisie d'où il était issu, Jean-Paul Sartre ne voulait distinguer dans la société de son pays que la classe ouvrière, sans s'aviser que cette dernière était engagée, à l'exemple de son homologue américaine, dans un processus très conscient et très ferme d'embourgeoisement. Il ne s'en avisa que sur le tard, trente ans après tout le monde. Pendant des années, il plaça ses espérances dans le communisme. Averti des crimes de Staline, il choisit de se taire sur l'anéantissement des libertés, la liquidation des opposants, la terreur policière, l'exil politique et la mort dans des camps de travail : tout lui semblait préférable à un régime libéral et bourgeois. À la fin de sa vie, les témoignages sur le régime soviétique se firent si nombreux et si accablants que même un Jean-Paul Sartre ne pouvait plus les récuser, sous peine de passer pour un fou, un scélérat ou un imbécile. Alors, l'auteur de *Nekrassov* se laissa convaincre. Le vieillard désabusé, rejoignant à la hâte une croisade qui s'était faite sans lui et qu'il avait longtemps combattue, accueillit les écrivains russes dissidents et adjura le pouvoir de secourir les fugitifs du Viêt-nam. Il ne prit pas la peine de justifier cette volte-face ni de battre sa coulpe, puisqu'il est entendu que la gauche ne saurait être que pure et sainte, même lorsqu'elle a piétiné les victimes de l'oppression, soutenu les tyrans et bafoué l'espérance humaine.

En aggravant la culpabilité latente de la droite, en s'arrogeant, à l'exemple des pharisiens et des « salauds » qu'il stigmatisait dans son œuvre, le monopole exclusif de la pensée et de la vertu, Jean-Paul Sartre renforça le pouvoir culturel de la gauche et raffermit les Jacobins du XXe siècle dans l'excellente opinion qu'ils avaient d'eux-mêmes.

4

L'idéologie marxiste triomphait, du reste, dans la plus grande partie de l'Europe et même de l'Occident : elle était devenue vraiment l'opium des peuples et le nectar de l'intelligentsia. Tout devait se définir par référence à Marx et à Lénine. Le parallèle est instructif, entre ces deux hommes habités par le même puissant génie. Tous deux sont juifs, dotés au plus haut degré de l'esprit de synthèse qui a toujours caractérisé les meilleurs de leur race ; prophètes de l'immanence, ayant substitué au Dieu de leurs pères une idole de l'Homme, et au messianisme du Ciel le messianisme de la terre ; logiciens implacables, poussant le système de leur pensée jusqu'à des extrêmes où il cesse d'être soutenable. Mais ce qui les unit est aussi ce qui les sépare. Marx est un humaniste. Il dénonce l'injustice, en démontant les mécanismes économiques et sociaux par lesquels s'opère l'exploitation du prolétaire. Lénine est un théoricien et un praticien de la violence révolutionnaire. Il invente et met en œuvre les moyens dont usera la classe ouvrière pour gagner le pouvoir et le garder, au mépris même des libertés. À la dictature d'une classe aristocratique, oppressive certes, mais distraite et irresponsable, il substitue la dictature du prolétariat, bureaucratique, inquisitoriale et policière : les mailles du pouvoir des czars étaient souvent assez lâches, elles laissaient échapper le menu fretin ; entre les mailles du pouvoir prolétarien, personne ne pourra plus passer. Comme tous les utopistes, Lénine veut l'application parfaite du système et ne se soucie nullement du bonheur des individus : c'est là une question qui n'a même aucun sens pour lui. Tout est sacrifié à un ordre futur, qui sera celui d'une égalité forcée, c'est-à-dire du bagne. Le mépris de Lénine pour l'humanité se parachève dans l'instauration d'un goulag universel. S'il se réalise jamais, ce goulag sera peut-être sans tortures, sans mines de sel, sans férocité apparente. Les gardiens mêmes y seront invisibles ; leur présence impalpable ne sera ressentie que sous la forme d'une angoisse diffuse. Mais toutes les libertés auront été soigneusement étouffées, et l'espèce humaine, identifiée à un parti monolithique, sera devenue une fourmilière absurde et inutile à la surface d'une planète morte.

Le tribut de souffrance et de sang que l'humanité a payé et continue de payer à l'action de Lénine est incalculable ; et cela ne fait que commencer. Attila, Gengis Khan, Tamerlan, Napoléon, Hitler lui-même peuvent accueillir dans l'au-delà leur frère et leur maître, tandis que les nations anesthésiées se recueillent devant le corps embaumé du théoricien de la tyrannie absolue. Ô Lénine, si, des régions inconcevables où ton ombre erre peut-être, tu peux encore jeter un regard sur la terre et y apercevoir les effets de ton œuvre, ton orgueil se réjouit-il de constater ta marque partout sensible, l'Europe presque entière asservie ou en passe de l'être, l'Afrique travaillée par tes agents, la mer caraïbe enchaînée par un valet de l'empire que tu as édifié, la subversion dont tu as rédigé le code partout présente et active dans l'armée invisible des assassins et des terroristes, ta pensée devenue la substance de millions d'esprits, à l'orient comme à l'occident, un ennui de plomb tombant sur les peuples que tes disciples, les maîtres de la Russie, ont soumis à ta loi ? Ou bien, confronté à des vérités éternelles que ton génie n'avait pas pressenties ou qu'il aurait récusées, es-tu béant d'épouvante devant l'évidence du mal que tu as infligé aux hommes ? Ce serait ton enfer et il durerait aussi longtemps que ton œuvre. Mais tous les empires se sont écroulés l'un après l'autre. Le tien disparaîtra comme les autres. Déjà, dans cette Pologne sur laquelle tu as tendu ta toile, un peuple fier d'ouvriers rejette les consignes de ton parti et se dresse, fort seulement de son courage, contre le czar tout-puissant qui pourrait, en quelques minutes, l'anéantir. Avant de réduire à merci le monde libre, il te faudra l'écraser sous tes bombes. Mais déjà, des craquements sinistres se font entendre dans l'énorme système de la servitude organisée. Un jour, les goulags s'ouvriront. Un jour, ton mausolée sera fracassé ; ta momie, brûlée sur la place comme un pantin de paille un soir de fête ; et le nom de Lénine restera dans l'Histoire comme celui d'un fléau de Dieu, envoyé sur la terre pour punir l'aveuglement et la folie des hommes.

5

M. Giscard d'Estaing avait abaissé le droit de vote à dix-huit ans : c'était offrir à son adversaire les voix de dizaines de milliers de jeunes. En effet, depuis le soulèvement universitaire de mai 1968, la jeunesse est « de gauche » par entraînement, par mode, par soumission aux critères tacites du pouvoir culturel, selon lesquels l'intelligence et la vertu ne peuvent être que socialistes. Ce ne fut là qu'une des moindres erreurs tactiques du président. Sa mollesse devant Moscou, ses mesures sociales dictées par une volonté de surenchère démagogique lui avaient aliéné une partie de ses fidèles. D'autres circonstances lui furent défavorables. Un mouvement politique dit « écologique », né lui aussi en 1968, devait se rallier à la gauche, puisque les thèmes rousseauistes du retour à la nature et de la ferveur pastorale sont désormais l'apanage du progressisme, après avoir été pendant longtemps celui des Camelots du Roy. M. Marchais et ses troupes se désistèrent, non sans une rancœur muette, au profit du parti frère. Tous ces facteurs assurèrent le triomphe de M. Mitterrand.

Il triompha au-delà des espérances de ses partisans. Une majorité absolue lui donnait le pouvoir absolu. Il eut l'habileté de nommer quatre communistes à des postes clés : il n'avait ainsi plus rien à craindre des syndicats inféodés au Parti. Depuis Napoléon, aucun chef d'État français n'avait eu les mains aussi libres. M. Mitterrand pouvait faire ce qu'il voulait. Quelle revanche sur les vingt-trois années d'attente !

Si l'on avait fait ce que j'avais conseillé ; si l'on avait mis en pratique les directives contenues dans ma brochure *Du libéralisme* ; si le pouvoir avait mieux apprécié mes capacités ; si l'on m'eût porté à la fonction de premier ministre, nul doute que la majorité ne fût encore en place à l'heure présente. Mais à quoi bon se lamenter ? La vraie valeur n'est jamais reconnue. On laisse perdre les chances de redressement. Ce qui est passé est passé.

Le soir du 10 mai, des milliers de Parisiens coururent rue de Solferino demander leur carte du parti socialiste, comme, en fin août 1944, des millions de Français se découvrirent soudain résistants. J'avais été si souvent le témoin de ces raz de marée de l'opportunisme, que celui-ci, prévisible comme les autres, ne suscita même pas ma réprobation : il ne fit qu'aiguiser mon dégoût universel. Le présent m'était odieux et l'avenir ne m'intéressait pas. Il était temps pour moi de prendre congé d'un monde où je n'avais presque jamais cessé de m'ennuyer.

Pendant que la liesse populaire illuminait la place de la Bastille, le rideau tombait, rue de Marignan, au siège du parti vaincu. La stupeur et la désolation figeaient les visages des militants.

Aux buffets qui avaient été dressés dans les salons, on dévorait en silence sandwiches et petits fours : puisque tout était perdu, autant profiter de ce qui demeurait disponible, un souper gratis. La ladrerie française résiste même aux désastres nationaux. Un reste de pudeur interdit pourtant qu'on sablât le champagne. Dans la minute qui suivit l'annonce des résultats, femmes du monde et personnalités parisiennes avaient fui les lieux, comme s'ils eussent été frappés de la peste. Seuls, M. Alain Delon, le populaire acteur, et sa compagne, Mlle Mireille Darc, eurent le courage de se montrer rue de Marignan après la défaite. Ils ne touchèrent pas aux petits fours.

Je croisai deux ou trois importants de l'ancien pouvoir. La veille encore, ils eussent broyé mes mains dans les leurs en me donnant du « cher maître ». J'allai vers eux. Ils me tournèrent le dos. Les hommes politiques n'ont pas de mémoire, sauf pour les offenses qu'on leur a faites. Ceux dont j'avais servi la cause ne me connaissaient plus, dès l'instant où je ne leur étais plus utile. J'ai toujours rencontré l'ingratitude sur ma route. Je ne m'en plains pas. La faute est sans doute de mon côté.

J'oubliai à mon tour ces vains combats où j'avais été mêlé contre mon gré, alors que je ne croyais ni en leur succès ni même en leurs fins. Les personnages dont je me suis occupé aujourd'hui seront demain les comparses falots d'un drame qui débordait infiniment leurs capacités et leur importance. Quelle place aura l'épisode des élections présidentielles françaises dans les manuels d'Histoire de l'an 2150 ? Celle d'une péripétie minuscule qui n'intéressera personne. Laissons à leurs illusions ces hommes d'État d'un jour, pauvres éphémères qui se figurent être l'objet de l'attention universelle. À l'éloquence des Sénats, j'aurai toujours préféré le silence des nuits ou le ramage du rossignol ; aux vains remous de la politique le calme des retraites champêtres ou les solitudes majestueuses du désert. J'ai parfois consenti à jouer avec les feux mouvants de l'actuel ; mais c'est à la lumière immobile de l'éternité que j'aurai cheminé sur la terre.

6

Au début de mai 1981, je partis pour Rome avec la marquise de Casa Piccola, qui était invitée à passer quelques semaines chez son cousin le prince Finocchio della Pazza. La Ville avait beaucoup changé depuis mon dernier séjour dans ses murs. Des autocars cyclopéens déversaient des troupeaux hébétés de touristes au Colisée, au Vatican et au Capitole. Le vacarme des voitures par les rues et les places couvrait le murmure immémorial des fontaines. Les jeunes Romaines avaient perdu leur aimable pudeur d'antan. Culottées de rude toile bleue comme les garçons de leur âge, elles passaient devant vous, arrogantes, le verbe haut, avec des déhanchements de corsaire et des jurons de charretier. On admirait ces bêtes de race ; on était épouvanté de leur crudité et de leur insolence. Les prêtres ne se distinguaient plus des civils. Les séminaristes allemands ne portaient plus la soutane écarlate qui les muait en jeunes flamines. La Rome semi-rurale de ma jeunesse était révolue. Je ne la retrouvai qu'à la faveur des ténèbres, lorsque l'astre des nuits répandait sa clarté laiteuse sur les ruines du Forum et les débris jonchant l'herbe calcinée du Palatin. Alors, appuyé contre le tronc d'un pin ou le fût d'une colonne, je laissais errer mes regards languissants sur les ossements des Césars et sur la poussière d'un empire. La pensée du néant apaisait le tourment de mon cœur. Seul et sans témoins, en proie à un ennui délectable, je bâillais sans retenue. Perdu dans mes songes, je m'éloignais déjà d'un monde dont je voulais être oublié.

Le jour, à la recherche des souvenirs de ma jeunesse, je marchais sur les traces de mes propres pas. À Saint-Louis, j'arrosai de mes larmes le tombeau que j'avais érigé à mes frais pour perpétuer la mémoire de la plus sensible et de la plus tendre des femmes. Mais je ne retrouvai pas la maison qu'elle avait habitée au pied de l'escalier monumental qui mène à la Trinité-des-Monts. Un *tea shop* occupait son emplacement. Les vestiges de nos amours sont effacés comme le reste. Nous aurons passé sur cette terre comme des ombres impalpables.

La place Navone demeurait semblable à elle-même, avec ses monuments baroques, son église, ses beaux palais ocre et rose ; mais une vaste estrade était dressée sur le terre-plein devant Sainte-Agnès et des haut-parleurs amplifiaient la voix des orateurs politiques. On croyait entendre Jupiter tonnant ; et Jupiter tonnait contre la hausse des prix. C'était le parti socialiste italien qui tenait là ses assises, en vue des prochaines élections municipales. Ainsi le socialisme, qui me harcelait en France, me poursuivait-il encore au milieu de mes mélancolies romaines !

Le mercredi 13 mai, je me trouvais sur l'esplanade de Saint-Pierre avec des milliers d'autres fidèles. Nous attendions le pape Jean Paul II. Sa voiture parut. Le pape était debout, vêtu de blanc. Il souriait à la foule et levait la main pour un salut d'affection paternelle. Soudain des coups de feu éclatent. Le pontife ensanglanté s'écroule. Des policiers se précipitent. Ils arrêtent un jeune homme armé qui n'offre pas de résistance. On apprendra plus tard que c'est un sujet turc, recherché par les autorités de son pays.

Un pape assassiné. Un assassin stipendié par l'armée secrète des terroristes, dont tous les coups, sans exception, frappent, en Europe occidentale et même aux États-Unis, des hommes qui incarnent la résistance au communisme ou une revendication de spiritualité. Les ennemis mortels de la religion chrétienne font abattre le vicaire du Christ, le pèlerin du Dieu vivant, qui soulève partout l'enthousiasme des peuples et rallie à sa foi des millions de cœurs. Or, ce pape appartient à la nation héroïque dont les ouvriers, sans arme et sans haine, défient le formidable empire des héritiers de Lénine. Image grandiose et terrible : la croix contre la faucille et le marteau ! Dans cette Rome où s'est jouée tant de fois la destinée du monde, un combat gigantesque a commencé. Nous entrons dans une nuit d'horreur et de sang. De toute notre espérance vigilante, il nous faut attendre l'aurore.

STENDHAL

Souvenirs d'égotisme

Chapitre 12

En automne 1980, j'habitais une chambre sous les toits, au 36, rue de Grenelle. J'avais pour voisine (rue de la Chaise, 7) la plus aimable des femmes, Mme la comtesse Doubrovzska (cinq pieds six pouces, veuve du colonel Doubrovzski, qui s'était illustré à Londres auprès de ce grand homme, le général de Gaulle). Je la rencontrai par hasard chez notre fournisseur, M. Bougron, un Auvergnat honnête qui avait les meilleurs fromages de France.

— Comment, Beyle, vous êtes à Paris ? Venez me voir demain.

Quelle fut ma réponse à l'invitation de cette femme adorable ? Le lendemain, j'allai chez les filles. Un coquin nommé Rovier (depuis, recteur de l'université de Compiègne, puis retiré avec cent mille francs de rentes) m'avait donné l'adresse d'un hôtel, à Montmartre. Je m'y rendis à huit heures du soir, enveloppé d'une immense cape, et rasant les murs. La propriétaire de cet établissement, une Mme Ciboli (depuis, duchesse de La

Tramontane), me dit qu'elle va me présenter Zaza, la plus jeune de ses pensionnaires. Elle tire un cordon. Une tenture se soulève ; un ange paraît. Je manque tomber à la renverse. Cet ange était tout le portrait de Métilde. J'éclate en sanglots, à la stupeur des deux femmes. Je glisse un billet de cent francs dans la main de la jeune fille interdite et je m'enfuis. Toute la soirée, je fus hors de moi.

Le destin me joue de ces tours.

Quoi ! m'être consumé de passion pour cette créature céleste, Métilde, puis la retrouver sous les traits d'une fille, tant d'années après sa mort ! Je n'ai vu de situations comparables que dans Shakespeare, auteur que j'ai beaucoup admiré et dont j'allais voir jouer toutes les pièces à Londres, lorsqu'elles étaient jouées par le sublime Kean (prononcez Kîne).

Je raconte ma mésaventure à Rovier. Il me dit :

— Eh bien, vous auriez dû en profiter. Vous qui avez de l'imagination, quelle revanche sur la vie !

Voilà l'esprit français, tout de cynisme *sec*. Étonnez-vous, après cela, que ce Rovier ait été comblé de faveurs par G...d...g (1).

Rovier s'agitait beaucoup. La France était plon-

---

(1) Probablement Giscard d'Estaing. Stendhal utilisait souvent des initiales, par crainte d'une perquisition policière.

gée dans la campagne électorale en vue des élections présidentielles. Rovier, ultra fieffé, militait naturellement pour la majorité, que j'abhorrais. Me souvenant d'avoir été carbonaro, je formais des vœux pour le plein succès de l'opposition socialiste. Mitterrand me semblait un honnête homme. J'avais aussi beaucoup de sympathie pour le maire de Marseille, l'excellent Defferre, à cause de je ne sais quoi de bonhomme et de rusé dans sa physionomie. Quand je pense à la postérité, dont je me moque d'ailleurs tout à fait, je souhaite être lu par des gens comme Rocard, Mitterrand, Defferre, Mme la comtesse Doubrovzska, et ma logeuse, Mme Pichu, qui a du bon sens et de la rondeur.

Suis-je orgueilleux ? Suis-je humble ? Je n'écris ces pages pleines d'égotisme que pour mieux me connaître. Je crois pouvoir affirmer que la vanité, qui pousse tous les Français, m'est étrangère. Mais j'ai peut-être de l'orgueil.

Rovier était perdu de vanité et de cupidité. Il tremblait de perdre sa fortune si les socialistes passaient. Il me disait : « Beyle, si les socialistes gagnent, c'est la faillite à court terme, le franc ne vaudra plus rien. » Moi qui n'avais pas un sou en poche, on peut bien penser que ces prophéties me laissaient de glace.

Le coquin me dit qu'il avait eu cent vingt-cinq femmes dans sa vie. Il inscrivait leurs noms et qualités dans un carnet, comme Leporello (voir *Don Giovanni*, de Mozart). Parmi ces femmes, trente-trois étaient les épouses de ministres en exercice, de députés ou de sénateurs. On remarquait aussi dans sa liste deux religieuses, une quinzaine d'hôtesses mondaines, beaucoup de filles vénales, des lingères, des romancières, une conductrice d'autobus. La lecture de ce carnet me plongea dans un état voisin de la folie.

Certains soirs, je me sentais si malheureux que j'avais envie d'aller tuer G...d...g pour passer le temps et oublier mes chagrins. Je faillis mettre ce projet à exécution : j'achetai un pistolet. Seule, la peur de la guillotine me fit reculer.

La majorité gouvernementale m'inspirait de l'aversion, comme jadis les ultras. Ces gens attachés à leurs rentes et à leurs privilèges avaient l'esprit le plus étroit qui se pût imaginer. Ils étaient tous très forts en économie, science que je n'ai jamais pu souffrir. Les chiffres me font bâiller. Je rencontrai plusieurs membres du gouvernement chez Mme de R., qui tenait un salon politique. Je dis à cette dame : « Le régime socialiste nous débarrassera de ces ennuyeux technocrates. » Le mot fut répété à un secrétaire d'État, M. Ducroc, qui devint dès lors mon ennemi mortel. J'ai le tort de parler à tort et à travers, surtout quand je m'adresse à une jolie femme.

Ce que j'abhorrais dans la droite française, c'était son amour de l'argent, son goût invétéré de l'aristocratie, et ce que l'écrivain anglais Thackeray (prononcez Ça-queue-raie) appelle le snobisme (le mot, créé par lui, vient de *sine nobilitatem*). Le socialisme, pensais-je, ramènera un peu de vertu romaine et de sérieux en France. Tous les gens de droite sont frivoles, ils ne vivent que pour le plaisir ou la vanité.

Pendant cette période 1980-1981, j'allai tous les soirs dans le monde. J'avais un salon pour chaque soir de la semaine, avec une prédilection pour ceux de Mme la comtesse Doubrovzska et Mme la baronne de La Mhoule, deux femmes délicieuses à qui je faisais la cour. Tous comptes faits, je n'aime au monde que les jolies femmes, surtout quand elles sont titrées, quelques hommes d'élite, Mozart, Cimarosa, la chasse au bonheur et rêver. Donnez-moi cent mille francs de rentes, je vous tiens le pari d'être un homme heureux, quoi qu'il advînt au reste du monde.

Où en étais-je ? Je devrais suivre un fil de narration au lieu de m'égarer à tout instant. Par exemple, voici vingt jours que je remets au lendemain de décrire le quartier de Paris où j'habitais (rue Vaneau, à deux pas de l'hôtel Matignon. J'étais le voisin de M. Barre, puis de M. Mauroy). J'ai horreur de la description matérielle. Je la saute toujours dans les romans.

Il faudrait essayer d'introduire un peu de méthode dans ces divagations égotistes.

La baronne de La Mhoule (cinq pieds deux pouces, deux cent mille francs de rentes) me ravissait le cœur et embrasait mes sens. J'aurais fait des folies pour elle, si j'en avais eu les moyens. Elle ne semblait pas attacher d'importance à mon obésité et à ma laideur. J'aurais pu être son amant.

Je ne sais quelle pusillanimité me retint de tenter ma chance auprès d'elle. Je m'en suis toujours mordu les doigts depuis.

Ce retrait apeuré devant le bonheur est un des traits de mon caractère que je déteste le plus.

Je rencontrai un jour chez la baronne M. François Mitterrand. Cet homme d'esprit et de goût me dit qu'il appréciait mes ouvrages, ce qui aurait dû flatter ma *vanité* si j'avais eu le tempérament français. Mais je suis plus milanais que français : les louanges d'un homme aussi remarquable ne firent que toucher mon cœur. Je faillis éclater en sanglots. J'assurai M. Mitterrand de mon respect et lui dis que je formais les vœux les plus ardents pour son complet succès aux élections présidentielles.

Si j'avais été opportuniste comme n'importe quel Français, j'aurais profité de cette rencontre pour solliciter du futur président de la République un portefeuille dans son gouvernement, ou le palais Farnèse. Pour mon malheur, je n'ai jamais su tirer parti des chances qui se sont offertes à moi au cours de ma vie.

La comtesse Doubrovzska habitait un grenier spacieux, plein de jolies choses, bien qu'elle n'eût que soixante mille francs de rentes. On disait qu'elle était aidée par un M. Schrks, *ebreo* qui possédait une écurie de courses. Cet homme petit et contrefait n'avait que deux passions, les chevaux et le grand monde. Chez Mme la comtesse Doubrovzska, il pouvait satisfaire la seconde. On rencontrait chez elle ce qu'il y avait de plus élégant à Paris. Même le nonce venait quelquefois faire un whist. Ce monsignore était milanais. Il me plaisait par cela seulement. On voyait aussi chez Mme D. un couple qu'on disait le plus riche de Paris, toujours accompagné par un jeune esclavon d'une beauté insolente, nommé Dragomir. Ce Dragomir était un charmant fripon, fou de cartes. Il voulait toujours jouer avec le nonce et lui faisait perdre des sommes considérables. Un soir, le nonce n'ayant plus un sou, l'esclavon lui dit qu'il voulait lui jouer son améthyste. Nous mourions de rire. « *Birbone ! Birbone !* » répétait le prélat, pâmé.

Ce prélat était un ecclésiastique éclairé, qui ne croyait ni en Dieu ni en la vie éternelle. Aussi était-il fort à la mode. Les journaux avancés le citaient volontiers comme un exemple de ce que devraient être les pasteurs de l'Église nouvelle.

J'allai chez la comtesse Doubrovzska du 9 novembre 1980 au 20 octobre 1981. Entre ces deux dates, j'eus de l'esprit. En effet, navré de douleur à la pensée de la fausse Métilde (cette rencontre fatale avait rouvert mes plaies), je disais n'importe quoi pour m'étourdir.

Certains jours, j'avais tellement d'esprit que j'aurais pu b... une duchesse. Bref, j'étais bien près d'être une canaille comme Rovier et je me faisais horreur.

Je devins à la mode. On copiait mes *waistcoats* italiens (gilets. Prononcez ouest-côte). Je n'avais pas le sou et déjeunais souvent d'une sardine à l'huile, ce qui me brouillait l'estomac. Par bonheur, je dînais presque tous les soirs chez des gens qui avaient les meilleures tables de Paris. On me croyait à l'aise, à cause de cette apparente insouciance qui était la marque de la plus extrême douleur.

Donnez à un homme cent mille francs de rentes, il devient en huit jours, s'il a de l'esprit, la coqueluche de Paris. Il peut prendre pour maîtresse la femme d'un ministre en exercice, ce qui pour les Français est le comble de l'élégance.

En relisant les pages qui précèdent, je m'aperçois que je me répète beaucoup. Ces souvenirs sont écrits à la diable. J'espère qu'il se dégagera plus tard de ces pages un charme *négligé* qui touchera peut-être quelque âme sensible.

Je fis la connaissance de Mme Henriette G..., une Dauphinoise qui se disait un peu parente de moi, par les tantes. Elle était belle et plantureuse à la turque, les plus beaux yeux du monde, digne du pinceau de M. Ingres, dont le fameux *Bain turc* est au Louvre. Rovier me disait que chaque fois qu'il voyait ce tableau, il b... Mme G. produisit le même effet sur moi. Elle était elle-même un peintre de talent. Il y eut entre nous, pendant huit jours, une amitié *tendre*.

Chapitre 13

Le soir du 10 mai, je me rendis à la Bastille pour fêter l'heureux avènement de la victoire socialiste. A Milan, la liesse populaire eût éclaté dans des chants, des rires et des embrassades aux jolies filles. A Paris, le bonheur était vindicatif : on conspuait les vaincus. J'entendis des « Giscard, t'es dehors ! Giscard au chômage ! » qui me rendirent soudain presque aimable le président évincé. On brandissait des drapeaux rouges. Cela aussi me refroidit. Malgré tout, j'essayai de partager l'enthousiasme général. Un certain Pierre Juquin sauta sur une estrade improvisée et tint à peu près le discours suivant, dont je notai aussitôt quelques phrases sur mon calepin : « On l'a eu, Giscard. Tous ensemble, on aura les patrons, les privilégiés, ceux qui ont trop de tout pendant que nous avons le chômage. » Michel Rocard lui succéda. Cet homme sec et menu a une physionomie intéressante, ciselée, bien française, mais de la France du XVIIIe siècle. On le voit en culotte et bas de soie, poudré à frimas, avec jabot bouffant et perruque blanche à petite queue : un peu Saint-Just, un peu Robespierre, un peu Crébillon fils. Il paraît qu'il est parpaillot, ce qui ne cadre pas avec Crébillon fils. Ce Michel Rocard parla de réconciliation entre les Français et de l'avènement proche d'une « société généreuse ».

J'ai toujours nourri quelques doutes relatifs à la générosité des Français.

Après la Bastille, je me rendis chez Mme la comtesse Doubrovzska. Exceptionnellement, elle se trouvait seule chez elle. Ses hôtes habituels étaient partis rue de Marignan ou rue de Solferino selon leurs convictions, ou plutôt, couraient de la première à la seconde. J'entrevis ma chance. Avec la décision et la promptitude d'un hussard, j'entreprends le siège de cette aimable personne. Elle allait céder. Le téléphone sonne. La comtesse s'empare du récepteur. C'était son fils, qui l'appelait de Papouasie, où il représente dignement la France. La créature de rêve redevient aussitôt une mère vertueuse, ne songe plus à rien d'autre. Elle bavarde avec transport, sans plus se soucier de moi. Je me retire, la mort dans l'âme.

Comment Rovier a-t-il pu avoir cent vingt-cinq femmes dans sa vie, voilà un problème que je ne suis pas près de résoudre.

Ce mois de mai 1981, l'infâme Rovier parvint à faire croire qu'il avait toujours été socialiste de cœur. Il courtisa effrontément les nouveaux maîtres du pays. La peur de perdre son argent continuait à le ronger. L'annonce de l'impôt sur la fortune (si faible pourtant : un ridicule un et demi pour cent à partir de trois cents millions !) faillit le rendre fou. Je me moquais de lui sur ce point et devins dès lors sa bête noire et son ennemi mortel. Mais comme il était hypocrite, il continuait à me faire bonne figure et à me rendre quelques services.

En juin, une belle Parisienne, Mme R., tua son mari d'un coup de revolver parce qu'il voulait l'empêcher de se rendre aux réunions du M.L.F., le Mouvement de libération des femmes, que j'approuvais fort et dont j'augurais mille charmants bénéfices pour l'avenir. J'appris à ce propos qu'environ trois cent cinquante maris meurent chaque année à Paris, tués par leurs femmes pour des raisons diverses. Un peu moins de femmes sont tuées par leurs maris. Mon voisin de la rue Vaneau, M. Jean-Louis Curtis, qui collationne ce genre de statistiques, me montra le chiffre officiel (2).

Les socialistes au pouvoir me déçurent beaucoup. Dès les premiers jours de leur exercice, ils épurèrent les médias, après avoir déclaré hypocritement « qu'ils ne forçaient personne à s'en aller ». La plupart des directeurs de la télévision et de la radio furent limogés et remplacés par des gens du

(2) Le chiffre paraît très exagéré. Était-ce vraiment un chiffre officiel ? Où Jean-Louis Curtis l'avait-il trouvé ? À moins qu'il n'ait voulu se moquer un peu de Stendhal, dont les naïvetés occasionnelles devaient l'amuser ? Cette hypothèse a été avancée par le professeur Victor del Litto.

parti, dont on était sûr. Cette mesure me déplut fort. Elle sentait la mainmise sur l'opinion publique. Les Français l'acceptèrent sans broncher : c'est un peuple moutonnier. Pour mon malheur, je ne suis pas mouton.

Afin de me distraire de mes chagrins, je sortis plus que jamais. Certains soirs, j'allai successivement dans trois salons. L'Opéra était fermé pour travaux. Je courus aux concerts classiques. J'abominais la musique moderne des Boulez et autres Gilbert Amy, qui composent d'après une algèbre inventée par des Autrichiens du siècle dernier. Mme la comtesse Doubrovzska chantait agréablement en s'accompagnant au piano. Je la priai souvent de chanter pour moi l'air sublime de Rosine dans *Le Barbier de Séville, Una voce poco fa.* Elle le filait avec une candeur touchante et une parfaite soumission à la *beat* (mesure, prononcez bite).

Au début de septembre, j'obtins par Rouvier une carte d'entrée à l'Assemblée nationale. Ce que j'y vis m'effara. L'arrogance d'un Pierre Joxe, président du groupe socialiste, était une chose qu'il fallait voir pour y croire. Ces gens ignoraient l'opposition, rognaient effrontément sur son temps de parole. Tous les socialistes votaient comme un seul homme. Le mécanisme du vote n'aurait pas été plus parfait dans la plus rigoureuse des dictatures. Salle des pas perdus, j'eus l'occasion d'observer de près M. Gaston Defferre. Son expression, sa voix, son accent m'effrayèrent.

Cet homme avait la complexion d'un Fouquier-Tinville. Son regard tomba par hasard sur moi et me transperça jusqu'au fond de l'âme. Il me reconnaissait sans doute. J'en fus glacé. Je sortis à la hâte de cet endroit où un homme de cœur ne saurait s'attarder sans dommage.

Pendant des jours, je me crus filé dans la rue.

Tout Français a pour ennemis naturels ceux qui ne votent pas comme lui.

Ce peuple sectaire est en guerre civile depuis 1789. Il n'a jamais connu la réconciliation nationale, même en périodes de désastre. Seule la frivolité atténue l'horreur du sectarisme français.

La société parisienne de 1981 était composée de cafards de gauche et de freluquets de droite. Louvoyant entre les deux partis, une foule de charlatans et de cabotins.

La vie à Paris devenait de plus en plus difficile. Tout augmentait. Je n'allais plus au restaurant qu'un jour sur trois. On sombrait dans la crise économique. Le socialisme entraîne nécessairement avec lui la pénurie, cela s'est vérifié partout. La doctrine de l'égalité, quand elle est appliquée de force, appauvrit tout le monde, riches et pauvres. De plus, elle allait à l'encontre de mes idées les plus chères sur le choix des élus (et des élues), toujours en petit nombre. J'estime grandement mon fromager, M. Bougron, Auvergnat honnête qui vend les meilleurs fromages de France. Je veux bien qu'il ait les mêmes droits que moi. Mais enfin,

est-il mon égal en esprit, en talents, en savoir, etc ?
Rovier, ce coquin fieffé, est-il mon égal ? J'espère
bien que non ! Le socialisme fondé sur l'égalitarisme est une utopie. Le règne des masses est
probablement ce qu'il y a de pire comme système
politique. Il engendrera un ennui mortel.

En octobre 1981, j'acquis la conviction que
j'étais surveillé par la police secrète de *Of iron* (3).
Une nuit, à travers les persiennes de ma chambre,
j'aperçus dans la rue, posté sur le trottoir en face,
un homme patibulaire qui surveillait l'entrée de
la maison où je logeais. C'était certainement
un inspecteur en pékin. Du reste, ma logeuse,
Mme Pichu, me dit qu'on était venu s'enquérir de
moi dans la journée.

Un soir, je m'attardai chez Mme la comtesse
Doubrovzska. Nous restâmes seuls. Je résolus de
jouer le tout pour le tout, à minuit sonnant. Je me
sentais le calme olympien de Napoléon, homme
que j'ai adoré et qui le méritait. Au premier coup
de minuit, je me lève, m'avance vers mon hôtesse
et l'étreins de toutes mes forces. J'allais toucher au
comble du bonheur, quand cette femme divine
s'écrie gaiement : « Beyle, vous avez des bras de
fer ! »

De fer... Je crois voir sur moi le regard du
ministre de l'Intérieur. A l'instant, une sueur
glacée m'inonde. Mes forces m'abandonnent. Le
spectre du fiasco m'apparaît. M'arrachant à mon

_____

(3) En anglais : de fer. Il s'agit probablement de M. Defferre.

hôtesse stupéfaite, je me jette hors de cette maison pour n'y plus jamais revenir.

En dépit des apparences, ma machine corporelle est délicate : un rien l'enraye.

C'était le 20 octobre 1981.

Ma montre marquait minuit cinq. Je hèle un taxi et me fais conduire à Montmartre, avec la pensée de retrouver mon honneur d'homme dans les bras de Zaza, la pensionnaire de Mme Ciboli, que j'avais respectée un an plus tôt parce qu'elle me rappelait Métilde. A minuit vingt, j'avais eu cet ange. J'en fus encore plus malheureux qu'avant. Certes, mon honneur viril s'était redressé, mais au prix d'une infamie : n'avais-je pas souillé à jamais, dans mon souvenir, l'image intacte d'une femme adorée ? C'est un sacrilège, comme cracher à la face de l'Amour.

Les jours suivants, je fus comme égaré. Je songeai à aller tuer *Of iron* pour passer le temps et me distraire de mes chagrins. Je faillis mettre ce projet à exécution. On venait justement de supprimer la peine de mort, je ne craignais donc pas la guillotine. La pensée de vivre le reste de mes jours en prison me fit hésiter. Privé de liberté, je perdrais l'esprit. Cette perspective me rebuta.

A la fin de 1981, j'étais outré de désespoir et de douleur. Un dimanche, je pris une barque sur le lac du bois de Boulogne. Soudain je me rappelai Côme et pensai me jeter à l'eau. Seul, le froid très vif de cette matinée d'hiver me retint au dernier moment.

L'air de Paris ne me convenait décidément pas. Je résolus de quitter cette ville où tout est factice, même le snobisme qui n'a jamais eu de grandeur véritable qu'en Angleterre. On pourrait vivre à Paris si on parvenait à n'y avoir pour compagnie que des *happy few*, c'est-à-dire deux ou trois hommes *sensibles* et une demi-douzaine de jolies femmes riches, aimables et titrées. Ce qui est hors de question dans le Paris socialiste d'aujourd'hui. Le 12 décembre, je partis pour Rome, avec l'idée de revoir une dernière fois les Albane de la galerie Borghèse, puis de me faire sauter la cervelle au pied de la première beauté romaine rencontrée dans la rue.

BALZAC

La Seconde Carrière de Rastignac

Le ministère de la Défense, 14, rue Saint-Dominique, dans le septième arrondissement de Paris, est un de ces lieux augustes qu'enveloppe l'aura redoutable du sacré, comme le Capitole dans l'ancienne Rome ou la Cité interdite à Pékin. Le passant attardé sur qui se pose le regard soupçonneux des agents de ville en faction devant l'imposante porte cochère de l'édifice ne peut se retenir de frissonner en songeant qu'à quelques mètres de lui, derrière les murs épais de chambres secrètes, dans des coffres d'acier dont le ministre seul possède le chiffre, dorment les secrets mortels d'où dépendent la paix du monde et l'avenir de la civilisation occidentale.

Le mardi 27 octobre 1981, à sept heures dix du soir, les deux battants de la porte cochère s'ouvrirent largement pour livrer passage à une Rolls-Royce noire conduite par un chauffeur en livrée, également noir. Le personnage fastueux qui se prélassait sur les moelleux coussins à l'arrière de la voiture répondit par un petit salut désinvolte de sa main droite lourdement baguée, qui tenait entre le pouce et l'index un énorme Monte Cristo n° 2 (la marque favorite de feu Winston Churchill, de Fidel Castro et de quelques autres privilégiés), aux deux agents figés dans un garde-à-vous respectueux. Le véhicule officiel des membres du gouvernement français est la Citroën, modèle D.S., objet de semi-luxe fabriqué en série. La Rolls-Royce, véritable carrosse de l'aristocratie ou plutôt de la ploutocratie internationale, n'est produite, on le sait, qu'en tirage limité, comme certains volumes destinés à une clientèle de bibliophiles fortunés. L'homme au havane était-il un plénipotentiaire étranger, un manitou du grand capitalisme américain, un potentat du golfe Persique ? Détrompez-vous, il était français et portait un nom bien français : M. Armel de Bois-Colombe, ami personnel et conseiller du ministre de la Défense, éminence grise du nouveau gouvernement socialiste. Il appartenait à cette famille secrète de conseillers privés, véritables vizirs de la République, ignorés du grand public, et qui détiennent, dans l'ombre du sérail, certains leviers du pouvoir.

M. Armel de Bois-Colombe avait acquis une usine de fabrication de pâtes alimentaires ayant appartenu à un M. Goriot (voir *Le Père Goriot*). Il lui donna une extension considérable et en fit une des premières d'Europe. Les nouilles Bois-Colombe recouvrent le monde civilisé, de l'Oural aux Appalaches, d'Helsinki à Tombouctou. Son propriétaire ne se contenta pas d'amasser une immense fortune. Magnifique comme un prince de la Renaissance, il donnait des fêtes, où se pressait la meilleure société, dans son manoir du XVIe siècle. Émule de Pic de la Mirandole, il avait des connaissances étendues sur tous les sujets et était devenu un expert dans quelques-uns, notamment dans cette science qui est au XXe siècle finissant ce que l'alchimie était au Moyen Âge : l'informatique. Il s'entendait aussi à tout ce qui touchait aux armements. C'est à ce titre qu'il s'était révélé à trois gouvernements successifs dans des capacités de conseiller. Enfin, mondain, dandy et esthète, il régentait la mode. Un de ses aphorismes : « Pas de milieu : le château ou la masure, la Rolls ou le métro », était devenu mot de passe pour la jeunesse dorée du Tout-Paris.

La Rolls-Royce, telle une souple panthère noire, s'engagea sur le boulevard Saint-Germain, louvoyant à travers le flot pressé des voitures qu'elle gagnait de vitesse l'une après l'autre. Le chauffeur nègre conduisait le fauve d'acier avec une maîtrise implacable. Ce sauvage récemment acclimaté, qui s'était nourri de chair humaine dans les forêts équatoriales pendant son enfance et son adolescence, possédait une sorte de génie mécanique qui faisait de lui un Mozart du volant. C'était un colosse bardé de muscles, capable de déchiqueter un adversaire entre ses mains d'une puissance terrifiante. Il était aveuglément dévoué à son employeur, pour qui il n'aurait pas hésité à tuer douze Parisiens d'affilée, s'il en avait reçu l'ordre. On sentait entre ces deux êtres, véritables forces de la nature, cette relation de maître à esclave qui constitue l'un des liens les plus naturels, les plus satisfaisants et les plus forts qui puissent unir les hommes. À la Bastille, M. de Bois-Colombe lui donna l'ordre de s'arrêter et de l'attendre. Son attaché-case à la main gauche, son éternel cigare à la main droite, le conseiller privé s'engagea d'un pas résolu dans la rue de Lappe, repaire de la crapule parisienne où les citoyens ordinaires ne s'aventurent qu'en tremblant. Mais la carrure de M. de Bois-Colombe, l'impression de vigueur herculéenne qui se dégageait de sa personne, son regard impérieux, l'air de commandement qui marquait toute sa physionomie inspiraient le respect même aux escarpes du quartier, virtuoses du surin, et les écartaient prudemment de son passage. Les concierges et les commerçants de la rue se chuchotaient entre eux que « l'aristo », le « type de la haute », le « mec rupin », entre deux conseils d'administration, se rendait sans doute à un rendez-vous galant. Blasés sur le chapitre du vice, ils ne s'étonnaient nullement qu'un homme aussi distingué, qui aurait pu se payer les courtisanes les plus dispendieuses, eût choisi de s'encanailler chez eux : ils savaient l'attrait du sordide sur certains esprits raffinés et auraient souscrit volontiers à ce vers de M. Victor Hugo :

Les charmes de l'horreur n'exaltent que les forts.

M. de Bois-Colombe s'arrêta devant la porte basse d'un immeuble lépreux, entre un bal populaire et une maison close. Il frappa deux coups rapprochés, puis trois coups espacés. La porte s'ouvrit. L'homme se courba pour entrer. Un escalier obscur et fétide le conduisit au premier étage, sur le palier duquel l'attendait une sorte de nabot, bancal, bossu, contrefait, dont le sourire édenté avait un air de vilenie quasi démoniaque. Ce monstre, fruit des amours de Caliban et d'une succube, aurait glacé le sang des plus intrépides, ou paralysé la pitié des plus charitables. Ni apeuré ni compatissant, M. de Bois-Colombe traita l'avorton avec une rudesse familière, non dénuée de sympathie, un peu comme un prince des siècles passés aurait traité son bouffon. Il semblait qu'il y eût entre ces deux êtres si dissemblables au physique, si loin l'un de l'autre dans l'espace social, une connivence sinistre.

— Salut, Boris, dit M. de Bois-Colombe, dont la voix avait pris bizarrement les intonations canailles appropriées au quartier. Tu es seul ? Ta *largue* (femme) n'est pas là ?

— Non, camarade *dâb* (patron), répondit le gnome avec un fort accent slave. Je suis seul. Entre.

La petite pièce où ils pénétrèrent était chichement éclairée par une ampoule électrique suspendue au plafond. L'allure du visiteur, sa pelisse doublée de chinchilla, ses chaussures de grand bottier, sa perle de cravate, son chapeau à bords roulés, son havane formaient un contraste saisissant avec la misère de cette chambre sans autre ornement qu'un lit de fer, une armoire en pitchpin, une table, une chaise de paille. Le gnome referma soigneusement la porte, tandis que M. de Bois-Colombe tirait de son attaché-case une liasse de documents et une minuscule boîte ronde en métal, de la taille d'une médaille pieuse.

— Voici les *bricoles*, dit-il à voix basse. À quelle heure Nastasia doit-elle *se pointer* (se présenter) ?

— Ce soir à dix heures, camarade *dâb*. Elle prend un jet de l'Aéroflot à Orly à onze heures quarante-cinq.

— Tu lui recommanderas bien de cacher cette boîte dans le pendentif qu'elle porte au cou. Elle s'y ajustera exactement. Dis-lui de *faire gaffe* (faire attention). C'est un micro-film.

Ami lecteur, si tu es doté de l'instinct divinatoire, de l'intuition frémissante qui entre dans la chimie mentale des détectives, des savants, des poètes et des bons amateurs de romans, cette scène louche t'aura peut-être éclairé sur les activités clandestines de l'inquiétant conseiller. Toutefois, suspends ton jugement et retiens ton souffle. Des surprises plus saisissantes t'attendent peut-être au fil de ce récit. Avant plus ample informé, et en tout état de cause, continue, je te prie, de regarder M. de Bois-Colombe avec les yeux du Tout-Paris officiel et mondain : un richissime industriel, amateur d'art, spécialiste de l'informatique et des armements, ami et conseiller privé du ministre de la Défense, *persona grata* auprès des plus hautes instances gouvernementales.

Après sa mission dans la tanière de la rue de Lappe, l'étrange personnage regagna la place de la Bastille, où l'attendaient sa Rolls-Royce et son fidèle cannibale fraîchement converti aux charmes un peu mièvres de la cuisine bourgeoise. Le géant d'ébène, casquette à la main, ouvrit la portière arrière, en adressant à son maître et seigneur un regard d'adoration abjecte, et le sourire éblouissant d'une denture qui s'était longtemps aiguisée sur des tibias humains.

— Et maintenant, Almanzor, rue de Belle-chasse, chez M. le comte de Rastignac !

Ce soir d'octobre, en effet, un raout donné par le comte et la comtesse de Rastignac réunissait quelques personnalités du monde politique et du « monde-monde », comme aurait dit feu la princesse Bibesco, ce Saint-Simon femelle de Byzance, dans le superbe hôtel particulier que la fille de Nucingen avait apporté en dot à son époux. Destitué de son portefeuille ministériel par la victoire socialiste de mai, l'ancien amant de Delphine (voir *Le Père Goriot, La Maison Nucingen*, etc.) avait réussi à se faire réélire aux législatives de juin, en comblant de bienfaits sa circonscription des Charentes, où sa famille gardait encore un certain prestige. Député dans une opposition réduite à la quasi-impuissance par l'écrasante majorité gouvernementale, Rastignac se préparait déjà aux législatives de 1986, qui pouvaient, pensait-il, remettre en selle son parti démembré et humilié. Son fidèle ami Henri de Marsay lui avait fait entrevoir certaines alliances secrètes qui, le moment venu, leur seraient fort utiles à tous deux. Mais le moment, justement, n'est pas encore venu. N'anticipons donc pas et examinons la petite société brillante qui se pressait, ce soir-là, autour du maître et de la maîtresse de maison. La princesse de Cadignan jetait tous les feux de sa beauté blonde et automnale sur les autres femmes présentes, sans éclipser pourtant Mme Simone Veil, dont la stature de Junon, le beau teint fruité, les yeux pers pouvaient rivaliser même avec les attraits de cette don Juane du gratin parisien. Parmi les hommes présents, il n'en était pas un que la princesse n'eût admis un jour ou l'autre dans son intimité, sauf peut-être M. Raymond Barre, le premier ministre du gouvernement déchu, qui n'était pas suspect des faiblesses auxquelles cèdent avec enthousiasme des libertins endurcis comme Rastignac ou Marsay. M. Bernard Pons, en revanche, n'aurait pu se vanter d'avoir échappé aux filets de la chasseresse. Ainsi, entre ces hommes d'origines et de talents si divers, un terrain commun : le lit de la dévoreuse. Or, si la princesse était venue ce soir-là chez le bel Eugène, ce n'était ni pour lui ni pour aucun des autres, mais uniquement pour M. de Bois-Colombe, qui l'avait priée de le présenter aux Rastignac. Un mot d'explication est ici nécessaire. Veuve, criblée de dettes, acculée à la faillite et à la déchéance sociale, la belle Diane comptait sur un mariage d'argent pour se remettre à flots. Malgré la peu reluisante origine de sa fortune, l'industriel milliardaire et titré lui avait semblé un parti avantageux, encore qu'il eût la réputation d'être hostile par principe à l'état conjugal, et bien résolu à rester célibataire. Mais la princesse avait réduit d'autres résistances ! Depuis des mois, elle multipliait les manœuvres pour circonscrire le richissime fabricant de pâtes, ce qui avait arraché au perfide Marsay, pourtant son complice en libertinage, ce mot qui fit le tour du Tout-Paris avec la rapidité de l'éclair : « Diane et Bois-Colombe, c'est un vrai western-spaghetti. »

— Le congrès socialiste de Valence a fait éclater le sectarisme profond qui anime certains membres du gouvernement, comme Mermaz, remarqua Rastignac s'adressant à M. Bernard Pons et à M. Raymond Barre.

— C'était prévisible dès les premiers jours du régime, répondit le député. L'idéologie est, pour les socialistes, la priorité absolue. Rappelez-vous la menace de Mitterrand : « Si j'échoue, vous assisterez à la radicalisation du pouvoir. » La logique du système exige l'intolérance à l'égard de l'opposition. D'où les insultes qui pleuvent sur nous à l'Assemblée, ce qui est très grave, car insulter les élus du peuple, c'est insulter le peuple lui-même. Valence aura vu émerger les Robespierre du régime : Fillioud, Quilès, Mermaz. Ces gens-là réclament des têtes. Et ça ne fait que commencer.

— Le pauvre Rocard a été mis en procès. Fera-t-il son autocritique ? demanda Rastignac.

— N'en doutez pas. Les divergences entre lui et la majorité du parti seront mises de côté, par discipline idéologique.

— Je n'ai jamais rien compris à la politique, intervint la princesse de Cadignan avec une moue mutine. Pourquoi donc M. Rocard, que je trouve pour ma part très séduisant, est-il mal vu de ses collègues ? continua-t-elle en adressant au député son sourire le plus enjôleur. Monsieur Pons, expliquez-moi ce petit mystère.

— Ce n'est pas un mystère, Madame. Il y a simplement que Michel Rocard entend mieux l'économie que la plupart de ses collègues et qu'il a osé dénoncer ce qu'il appelle l'« archaïsme politique » de la fraction majoritaire de son parti. Vous pensez bien qu'on ne le lui a pas pardonné en haut lieu.

— Monsieur François Mitterrand serait-il rancunier ? fit la comtesse de Rastignac avec naïveté, ce qui fit froncer le sourcil à son époux gêné.

— Cher ami, intervint M. Barre en se tournant vers M. Pons, quand vous parlez des compétences de Michel Rocard en matière d'économie...

— Compétences toutes relatives ! interrompit le député.

— Certes, reprit l'ancien ministre avec l'air de

82

satisfaction que confère la conscience inébranlable d'une supériorité sur le reste du monde. Deux ou trois ans à l'École nationale d'administration ne suffisent pas à faire un économiste. La faiblesse de l'actuelle majorité est précisément de ne compter aucun spécialiste véritable, aucun professionnel exercé, dans un domaine qui ne souffre pas l'amateurisme. Je ne vais pas me lancer dans un cours magistral dont l'aridité ennuierait les jolies personnes ici présentes, continua-t-il sur un ton flûté, en promenant un regard velouté de galanterie parmi les femmes les plus proches, mais je puis affirmer que ni M. Rocard, ni même M. Delors, pour ne pas parler de M. Mitterrand dont l'ignorance en matière économique n'est plus à démontrer, ne sont en mesure de résoudre des problèmes qui dépassent...

À cet instant, l'aboyeur en livrée qui se tenait à l'entrée du premier salon annonça d'une voix de stentor :

— Monsieur le baron de Bois-Colombe !

Tous les regards se tournèrent instinctivement du côté par où devait arriver le nouveau venu. À peine ce dernier était-il apparu sur le seuil du grand salon qu'une expression de perplexité, nuancée d'appréhension, se peignait sur les traits virils et encore fort beaux d'Eugène, comme s'il émanait de la personne du visiteur une impalpable atmosphère de danger. Rastignac connaissait de nom et de réputation l'éminence grise du ministère de la Défense. Il avait même vu sa photo dans un journal. Mais, aussi invraisemblable que cela paraisse, il n'avait jamais eu encore l'occasion de l'approcher. Or, entre un portrait inanimé et la présence réelle d'un être, la différence est abyssale. L'image visuelle n'est qu'un des éléments de l'impression globale, où jouent à plein de mystérieux magnétismes, l'émanation de forces psychiques encore inconnues. À une distance de cinq pas, l'effet que produisit M. de Bois-Colombe sur Rastignac fut presque électrisant. Surmontant son trouble, le maître de maison s'avança vers le visiteur.

— Monsieur, dit-il, je suis reconnaissant à notre amie la princesse de Cadignan d'avoir favorisé cette rencontre.

M. de Bois-Colombe attacha sur le visage de son hôte un de ces regards qui semblent prendre possession de l'objet sur lequel ils se posent, un regard à la fois décapant et pénétrant, d'une fixité et d'une incandescence presque insoutenables, où rayonnait un sentiment que l'on n'aurait su définir. Comme frappé en plein cœur par une décharge de foudre, Rastignac tressaillit, puis demeura parfaitement immobile, cloué sur place, fasciné. Mais déjà, la princesse de Cadignan se rapprochait et tendait une main que M. de Bois-Colombe prit dans la sienne et sur laquelle il posa ses lèvres, avec l'aisance d'un homme du monde et l'ironie d'un philosophe qui, ayant pénétré jusqu'au tréfonds des conduites humaines, ne saurait être dupe de simagrées de salon.

— Cher Armel, murmura la princesse, comme c'est aimable à vous d'être venu, malgré vos occupations si absorbantes.

M. Raymond Barre, M. Bernard Pons, Mme Simone Veil connaissaient le conseiller privé de la Défense, qui avait été en fonction sous le régime précédent. Ils lui pardonnaient mal d'avoir trahi leur parti en continuant d'offrir ses services au gouvernement socialiste ; mais l'usage du monde, que tous trois possédaient à fond, leur interdisait de laisser paraître ouvertement leur désapprobation. D'autre part, M. de Bois-Colombe s'était employé à justifier sa conduite auprès de ses anciens amis et collègues en faisant valoir un argument assez spécieux, selon lequel les administrations vitales pour le pays devaient continuer de fonctionner normalement, quel que fût le régime en place : ce qui comptait alors, ce n'était plus l'allégeance à tel ou tel parti, mais l'intérêt supérieur de la nation. La Défense française devait être soutenue même sous un gouvernement socialiste.

M. Barre et M. Pons entreprirent le nouveau venu sur le problème non encore réglé des centrales nucléaires. Le président Mitterrand avait annoncé tout d'abord que le programme établi par le gouvernement précédent serait « gelé ». Puis il s'était, semblait-il, ravisé : une partie seulement de ce programme devait être abandonné, mais on mettrait en fabrication trois centrales.

— Cher ami, dit M. Barre avec le sourire d'urbanité dont les politiciens savent enrober leur antagonisme, je vous prédis que vous allez trébucher sur cette affaire des centrales.

— Je partage là-dessus la position des communistes, dit M. de Bois-Colombe avec un air de désinvolture fort bien joué. Comme eux, je préconise la réalisation intégrale du programme. Bien que la question de l'énergie ne soit nullement de mon ressort, croyez que je travaille activement à faire prévaloir mon point de vue.

— Les écologistes vont vous mettre des bâtons dans les roues, dit M. Pons. Pour ne pas parler des pacifistes.

— Les écologistes sont des veaux, énonça paisiblement le conseiller privé. Des rousseauistes attardés, manipulés habilement par le Parti. Le moment venu, nous saurons les mettre au pas.

Après une heure de conversation, M. de Bois-Colombe avait séduit tout le monde par son tour d'esprit et l'excellence de ses manières. Il eut une discussion courtoise avec Mme Simone Veil sur le rôle du Parlement européen, où il s'arrangea pour donner même à ses objections les plus sérieuses l'allure de concessions nuancées. Ces deux charmeurs rivalisèrent d'intelligence et de bonne grâce. Vous eussiez cru assister à la dispute amicale du poète et de la poétesse dans *Les Mille et Une Nuits*. C'était un vrai feu d'artifice, qui arracha des « oh ! » d'admiration à l'assistance subjuguée. Seule, la princesse de Cadignan souffrit mort et passion au spectacle de cet étincelant duo. La jalousie durcissait ses traits et lui faisait froncer les sourcils, tandis que ses yeux dardaient des regards irrités sur le visage serein de Mme Simone Veil. Vous eussiez dit d'une Érinye de marbre.

Ravi du succès de son *raout*, Rastignac se félicitait d'avoir permis à la princesse d'amener le mystérieux Bois-Colombe. « C'est un homme à ménager, se dit-il. Un cerveau de premier ordre, qui est en même temps l'ornement des salons, ce n'est pas si commun. » Lorsque les derniers invités prirent congé, sur les onze heures du soir, il insista pour que le conseiller privé consentît à demeurer quelques instants de plus. Le baron ne se fit pas prier. Il eut un sourire satisfait, comme s'il constatait que tout se déroulait selon ce qu'il avait prévu. La comtesse de Rastignac prit congé de son hôte et se retira. Les deux hommes s'installèrent dans un coin du salon, auprès d'une table chargée de boissons et de cigares. Eugène taquina M. de Bois-Colombe, avec un enjouement plein de tact, sur le sentiment visible qu'il inspirait à la princesse.

— Elle n'a d'yeux que pour vous, dit-il.

— Cher Monsieur, dit M. de Bois-Colombe en faisant décrire à son cigare un petit cercle dans l'espace, comme pour suggérer que ces choses-là n'étaient pour lui que fumée, je vous avoue que l'intérêt que la princesse pourrait me porter me laisse de glace. Je n'aime pas les halls de gare. D'ailleurs, fût-elle la plus vertueuse et la plus inaccessible des créatures que cela ne changerait rien. Soyons sérieux. Nous vivons une époque passionnante. Vais-je perdre une minute de ma vie à des niaiseries sentimentales ? Que non pas ! J'ai mieux à faire. Vous aussi. En 1981, l'amour est complètement dévalué. Vous le savez aussi bien que moi.

— Il n'en reste pas moins que la femme est toujours le repos du guerrier. Et du politicien.

— Repos, repos !... Vous en avez de bonnes ! Casse-tête, vous voulez dire. Casse-tête qui peut être amusant, voire délicieux, si on est enclin à ce genre de divertissement, si on a la complexion d'un Casanova. Mais enfin, pour les sensations vraiment fortes, parlez-moi du pouvoir ! Parlez-moi de la domination. Cela aussi, vous le savez. Quoique jeune encore, votre carrière l'a déjà prouvé abondamment.

— Elle a prouvé quoi, au juste ?

— Que pour vous, la véritable jouissance de la vie est dans la conquête sociale, non dans la conquête amoureuse. Vous ne pouvez le nier.

— Je n'y songe pas.

— Ah ! C'est que je vous connais bien, Monsieur de Rastignac !

— Figurez-vous que moi-même, à vous voir là, à vous écouter, j'éprouve une sensation bizarre de... déjà vécu ! C'est comme si nous étions en train de rejouer une scène ancienne, que nous aurions déjà interprétée.

M. de Bois-Colombe scrutait Eugène avec la fixité d'un magnétiseur. Ses yeux de feu, incroyablement pénétrants, semblaient attendre, chez l'homme auquel ils attachaient leur regard, l'éclat soudain d'une révélation pressentie. Des pensées tempétueuses passaient en reflets ardents sur ce visage dont l'expression indiquait une âme supérieure. Son corps trapu, ramassé, son attitude de chasseur à l'affût contrastaient avec l'élégance raffinée d'une mise signée par les meilleurs faiseurs. On eût dit d'un sauvage des savanes qu'on aurait vêtu en gandin pour le présenter à la Cour.

— Comme l'enseignent les hindous, dit-il en réponse à l'hypothèse d'une rencontre antérieure, que venait de formuler Rastignac, le temps est un cycle. Nous sommes tous soumis à la loi de l'éternel retour. Mais je croirais plutôt que cette sensation dont vous parlez ne fait que traduire des affinités profondes entre nous, peut-être une élection réciproque, une sorte de parenté spirituelle. Monsieur de Rastignac, parlons franc : vous êtes né pour planer dans les cimes, hors de l'atmosphère commune, libéré de la pesanteur morale des lois. Eh bien, moi aussi ! Unissons nos efforts et rien ne nous résistera.

— Je conçois mal comment nous pourrions unir nos efforts, considérant que nous appartenons à des camps opposés...

M. de Bois-Colombe renversa la tête en arrière et éclata d'un rire puissant, vibrant, qui fit s'entrechoquer les breloques du lustre de cristal suspendu au plafond. C'était un rire de démiurge, ou peut-être de démon. Eugène frissonna.

— Est-ce une objection ? dit le visiteur quand il eut retrouvé son calme. Pour des gens comme nous, il ne saurait y avoir qu'un seul camp : celui des maîtres, qui transcende tous les partis. Son avènement est proche, j'ose même dire imminent. Il s'agit d'être prêt.

— Je ne vous suis pas très bien, murmura Eugène. Que voulez-vous dire par « le camp des maîtres » ? Et quel est cet avènement proche ?

— Cher Monsieur, je parle d'une chose qui est évidente à quiconque jette un regard sur ce qui se passe actuellement dans le monde, une chose qui devrait vous aveugler, vous qui êtes à un poste d'observation privilégié : l'émergence proche, je le répète : peut-être imminente, d'une Europe totalement communiste.

— Ce n'est pas inéluctable, dit Rastignac d'une voix chevrotante.

— Vous n'en semblez pas très assuré, repartit le conseiller privé avec un sourire de scepticisme railleur.

Rastignac se dit, une fois de plus : « Ce diable m'a deviné. » Il reprit à voix haute :

— Le premier point de notre programme est la lutte contre le collectivisme.

— Votre parti pourrait aussi bien jouer de la flûte, ce serait aussi efficace que son programme. Même à supposer que les libéraux reprennent le dessus en 1986, même si vous succédiez à Mitterrand (car j'imagine que votre ambition ne se fixe pas un moindre but que la présidence de la

République), cela n'empêcherait rien, au contraire : cela hâterait la dissolution sociale et politique du pays. Il est facile d'imaginer ce qui se passerait. Entre, d'une part, les syndicats qui peuvent tout bloquer d'une minute à l'autre sur un ordre de Moscou, et d'autre part l'armée du terrorisme, qui, vous ne l'ignorez pas, est une véritable armée, très bien organisée, financée, pourvue des moyens les plus modernes, et qui agit elle aussi sur ordre de Moscou, votre parti, fût-il majoritaire à soixante-cinq pour cent, ne pourrait pas tenir. Le pays serait plongé dans le chaos en moins d'un mois. Les gouvernements, l'actuel, ou le vôtre, futur et problématique, ne subsistent que par l'agrément de Moscou. Il y a présentement deux puissances dans le monde : le K.G.B. et la Maffia, l'une au service du communisme, l'autre prospérant au sein du capitalisme, qu'elle maîtrise en partie. J'ai longtemps hésité entre les deux. La Maffia me plaisait par les restes de romantisme noir qui s'attachent encore à elle. Elle est le Crime même, le Mal incarné ; elle a une structure tribale ; elle prend des risques ; elle attache du prix à une certaine forme d'honneur à usage interne. Cela rappelle un peu la morale du bagne d'antan... Je n'y étais pas insensible. En face, le K.G.B., c'est le monde glacial du fonctionnarisme policier, déshumanisé, scientifique, un enfer de science-fiction, mais c'est aussi l'expression la plus évoluée, la plus parfaite, de la puissance terrestre.

L'homme débitait ces aveux horrifiants avec le

plus grand calme, sur le ton de la conversation anodine, ce qui accusait, par contraste, l'infamie du fond. En l'entendant, vous eussiez frémi.

— Je vois, dit-il, que mon discours vous surprend...

— « Surprendre » est peu dire. Je suis épouvanté, murmura Eugène, qui s'était levé à demi, comme un homme qui va, soit prendre la fuite, soit inviter son interlocuteur à sortir.

— Écoutez-moi jusqu'au bout ! Patience ! s'écria ce dernier presque jovialement. Rasseyez-vous. Reprenez de cette excellente fine Napoléon, qui vous remontera. Ce que je vous dis paraît tout à fait immoral. Or, ce n'est qu'une description objective du monde dans lequel nous vivons, et dont vous acceptez la loi aussi bien que moi, même quand elle vous semble monstrueuse. Ce qui vous a scandalisé, c'est que j'aie eu l'air de parler de ces choses en dilettante, en esthète, en dandy... Nous en étions au K.G.B. Vous n'ignorez pas ce qu'il est en train de fomenter en Afrique, au vu et au su de tout le monde. Quand ce continent sera complètement déstabilisé, c'est-à-dire prêt à devenir communiste, ce qu'il subsiste de l'Europe libérale, prise entre deux énormes étaux, ne pourra plus résister à l'ultime transmutation. En Afrique, le dernier verrou à sauter sera le Maroc. Malgré l'appui des États-Unis, je ne lui donne pas dix ans. Mais à quoi bon entrer dans ces considérations de géopolitique, qui sont aujourd'hui de notoriété publique ? Car vous remarquerez que la Russie soviétique ne cache pas plus son jeu que Hitler ne cachait le sien. Hitler avait pris la peine de publier *Mein Kampf*, afin que les nations n'ignorassent rien des vues qu'il avait sur elles. Cela n'a pas empêché les accords de Munich, au contraire. Aujourd'hui, l'homme de la rue sait aussi bien que M. Mitterrand et presque aussi bien que M. Marchais ce que M. Brejnev et ses acolytes ont en tête. Ils constatent les œuvres du terrorisme en Europe occidentale, les menées soviétiques en Angola, en Éthiopie, en Afrique du Sud, le rôle de l'Algérie et de la Libye, rampes de lancement de la subversion terroriste, l'invasion de l'Afghanistan contre laquelle la gauche mondiale n'a guère protesté — quel rabais sur les Brigades internationales de 1936 en Espagne ! —, enfin, dernière preuve de l'asservissement moral de l'Europe à Moscou, les manifestations pacifistes de ces dernières semaines, qui s'élèvent contre le *projet* de fusées Pershing sur le continent, mais ne s'élèvent pas contre la *réalité* de deux ou trois cents missiles SS 20 sur le sol russe, quasiment aux frontières de l'Europe centrale, prêtes à nous anéantir en quelques minutes. Bref, le tableau est là, tout cru, aveuglant, irrécusable. A quoi bon insister ? Je ne mentionnerai qu'en souriant (un sourire de pitié méprisante) la passivité apeurée du peuple français, aujourd'hui même, subissant le processus de socialisation accélérée que l'actuel gouvernement lui impose. Vous sentez bien, jour après jour, nos libertés menacées, le totalitarisme en marche, sous la houlette du bon François, ce rassurant humaniste...

— Lequel ne cache pas son antisoviétisme ni sa fidélité au pacte Atlantique ! interrompit Rastignac avec l'énergie d'un homme qui se noie.

M. de Bois-Colombe éluda, d'un geste, cette faible objection.

— Dans quelle mesure notre François est antisoviétique pourrait être discuté. De toute façon, son antisoviétisme n'est pas un antimarxisme. Donc, il n'a aucune valeur. Même si Mitterrand n'était qu'un social-démocrate modéré — et je crois qu'il est plus que cela —, il travaillerait objectivement dans le sens des Soviétiques, il contribuerait malgré lui à l'avènement inéluctable (et proche !) du communisme en Europe occidentale, qui est l'objet de notre entretien.

— L'objet de votre discours, non de notre entretien, rectifia Rastignac. Un discours dont je serais bien aise de savoir enfin à quoi il tend ; et tout d'abord pourquoi il m'est adressé, à moi particulièrement.

— J'y viens ! s'écria le visiteur après avoir vidé son verre de fine. Savez-vous vraiment ce qu'est le communisme ? Avez-vous réfléchi à sa structure interne, aux mécanismes de son fonctionnement dans les pays où il est implanté, aux raisons profondes de son succès, de sa permanence dans l'être ? C'est le système le plus perfectionné qui ait été inventé par le génie humain pour dompter les masses et laisser le champ libre à une élite qui est

en passe de devenir héréditaire, comme l'aristocratie européenne l'a été pendant des siècles. Sous
couvert d'égalitarisme, les masses, conditionnées
par une idéologie bien plus contraignante que le
fut jamais aucune religion, sont maintenues dans
un asservissement moral et social proche de l'hé-
bétude. Liberté de pensée, d'opinion, de parole,
liberté de mouvement même (on ne se déplace à
l'intérieur du territoire que muni de visas chichement délivrés) ont été supprimées. La police,
l'armée, la bureaucratie sont privilégiées. Faibles
privilèges, mais enfin, non négligeables par rapport à la médiocrité où vivent les masses. Ces trois
corps jouissent, en outre, d'une relative sécurité.
Ils ont donc tout intérêt à ce que le système en
place se perpétue. Or, ce sont ces trois corps :
police, armée, bureaucratie, *qui font régner l'ordre
social*. Voilà la trouvaille géniale. C'est une merveille. On n'a jamais fait mieux ailleurs, ni à
aucune époque. Non, ni la Chine impériale, ni
l'Égypte des pharaons, ni le Mexique des Aztèques
n'ont approché la splendeur de ce totalitarisme ;
et je vous parle d'empires qui ont duré des millénaires. Rien ne peut ébranler l'Union soviétique,
sinon une guerre nucléaire qui anéantirait la
planète. Aussi est-ce la seule chose qu'elle redoute.
L'Union soviétique est partie pour durer deux
mille ans ! Elle aura gobé l'Europe occidentale
dans la décennie à venir. Eh bien, mon ami, il
s'agit, pour vous et pour moi, d'avoir les
meilleures places dans une France muée en petite

démocratie populaire d'une Union soviétique qui s'étendra de Brest à Vladivostok.

— Vous prophétisez à loisir, mais rien n'assure que votre prophétie se réalisera.

— Tout l'assure, au contraire ! Je viens de vous l'expliquer. M'avez-vous écouté ? Ou refusez-vous l'évidence ? Elle se réalisera ; et l'Amérique ne fera rien pour l'empêcher. Le monde sera divisé en deux blocs gigantesques, séparés par l'Atlantique. Ah, je ne vous dis pas qu'un jour ou l'autre les deux blocs ne devront pas unir provisoirement leurs efforts pour écraser le nègre, dont la prolifération illimitée sera pénible à subir. Avez-vous lu un roman qui a pour titre *Monsieur de la Ferté* ? Cela se passe dans la forêt du Cameroun pendant la guerre de 14-18. Un officier allemand et un officier français se livrent une petite guerre artisanale d'escarmouches. Mais un roitelet nègre cherche à les piéger tous les deux. Alors, ces ennemis font trêve, provisoirement, et s'unissent pour écraser le roitelet. Eh bien, de la même façon, les deux blocs antagonistes s'uniront pour écraser définitivement le nègre et la négritude. Mais cela, ce sera le problème du XXIᵉ siècle, peut-être du XXIIᵉ siècle. Ça ne nous concerne pas. Croyez-moi, tout se passera comme je vous le décris : je ne suis pas un voyant, je suis un logicien : du présent, je déduis le futur. Mais ce qui nous concerne, nous, vous et moi, dès à présent, c'est l'avènement très proche d'un régime où il nous faudra vivre... Savez-vous ce que c'est que la *Nomenklatura* ?

— J'en ai entendu parler, murmura Eugène, que les paroles du singulier visiteur avaient impressionné, bien qu'il s'en défendît.

— On a récemment dévoilé son existence, son organisation, son mode de vie. La réalité est plus stupéfiante encore. Imaginez qu'à ces cimes du fonctionnariat soviétique, on vit exactement comme un milliardaire américain, comme un barine du temps des tzars, ou comme un fermier général sous Louis XV : même puissance, même opulence, même impunité. Il n'y a qu'une différence, mais elle est de taille : le milliardaire yankee, le grand seigneur tzariste, le fermier général ne se cachaient nullement de la plèbe. Ils étalaient leurs privilèges, avec candeur ou avec cynisme. Les grands seigneurs du régime soviétique ne se montrent pas. Ils cachent leurs richesses, les privilèges dont ils jouissent. Ils sont ignorés du peuple, qui ne fait que soupçonner très vaguement leur existence. Mais ils sont là. Ce sont les maîtres véritables. Une énorme masse conditionnée ; une pyramide inébranlable de bureaucrates aveuglément attachés à leur sécurité et à leurs menus avantages ; et, au sommet, dans l'empyrée invisible, une poignée de seigneurs tout-puissants, comblés de tous les biens de la terre : voilà le système communiste tel qu'il s'est constitué en Union soviétique soixante ans après la révolution. Je le répète, c'est génial. Lénine, qui était fou, comme tous les utopistes, et qui méprisait profondément le peuple, comme tous les révolutionnaires, n'avait peut-être pas espéré que son système triompherait si totalement et si vite !

— Lénine prévoyait le dépérissement de l'État...

— C'est une des erreurs les plus incompréhensibles de ce génie, dont plusieurs dogmes se sont incarnés dans les faits. L'égalité par exemple. Comme vous savez, l'écart des salaires en U.R.S.S. est de un à cinq. Cinq unités de différence, c'est presque l'égalité, du moins si on compare avec les pays capitalistes, où l'écart de un à trente ou quarante est la règle. Quant à la stabilité, je vous l'ai dit : deux mille ans !... La féodalité, en France, a duré mille ans tout juste. Je connais un peu les nouveaux féodaux russes. Je voudrais que vous voyiez les enfants de la quatrième génération des *apparatchiks* : ce que l'aristocratie européenne, au cours des siècles, a créé de plus raffiné dans la physionomie, de plus équilibré dans les proportions, de plus souverain dans les manières, la démarche, la voix (les jeunes cavaliers de Van Dyck, le *Blue Boy* de Gainsborough, les Guermantes dorés de Proust), on commence à le retrouver chez ces jeunes hommes et ces jeunes filles dont les arrière-grands-pères, mêlés à la plèbe de Pétersbourg, envahirent le Palais d'hiver en octobre 1917. Forcément, l'évolution physique est beaucoup plus rapide aujourd'hui, avec l'alimentation rationnelle, les vitamines, la gymnastique et la culture de classe. Là où il fallait dix générations pour former un aristocrate, il n'en faut plus maintenant que trois ou quatre. Eh bien, c'est pour produire et entretenir cette fine fleur du charme slave que des millions de *camarades*, entre Volga et Danube, sont enrégimentés à vie dans un système d'où ils ne pourront jamais s'évader et auquel, les malheureux, ils font même la grâce de croire !... Alors, n'hésitons pas. Faisons en sorte d'être dans l'empyrée nous aussi. Au sommet de la *Nomenklatura* !

— Voilà donc pourquoi vous avez rejoint la gauche. Non point par conviction idéologique, mais par intérêt personnel.

— En politique, je suis toujours du parti des vainqueurs. Non que j'aie beaucoup d'estime pour l'équipe gouvernementale actuelle dans son ensemble. Mais enfin, ces gens-là ont gagné. Ils sont une étape utile, sinon indispensable, sur la voie vers le communisme européen. Ils préparent le terrain français, ils ont déjà commencé à conditionner le peuple français. Je ne doute pas que la plupart ne soient éliminés ou écartés, le moment venu, comme les simples pions qu'ils auront été dans le grand jeu de Moscou. Mais il vaut mieux, de toute façon, être de leur côté, et de préférence à une place non officielle. Le jour du grand chamboulement, on me gardera, moi. Je saurai me faufiler au sommet de la hiérarchie. Avec vous, si vous le voulez.

— Pourquoi avec moi ? Si vous daigniez enfin me donner les raisons d'une sollicitude que je n'ai pas quémandée et qui, je l'avoue, me stupéfie ?

M. de Bois-Colombe fit une longue pause. Pour la première fois depuis son entrée chez Rastignac, son visage trahit une certaine émotion. Quand il se remit à parler, sa voix était grave, presque solennelle, avec un léger *trémolo* :

— La seule chose qui donne du prix à notre passage sur terre, c'est une amitié vraie entre deux êtres d'élite, comme je me flatte que nous sommes, l'un et l'autre. C'est le seul bien auquel puissent prétendre des cœurs sensibles. La seule magie capable de conjurer la solitude humaine.

— Quelqu'un m'a déjà tenu ce langage, autrefois, quand j'avais vingt ans...

— Je le sais, dit M. de Bois-Colombe ; et ses yeux se mirent à briller comme deux escarboucles.

Eugène se leva soudain. La vérité venait d'affleurer à son esprit, d'une aile fulgurante. Incrédule et horrifié, il dévisagea longuement son visiteur.

— Comment le savez-vous ? articula-t-il enfin.

— Comment ne le saurais-je pas, marquis de Rastignacorama ?

— Vautrin ! s'écria Eugène éperdu.

— Lui-même, dit l'ancien forçat avec un calme terrifiant.

— Mais vous êtes... transformé ! dit Eugène d'une voix tremblante.

— Le déguisement a toujours été mon fort ; et de nos jours, la chirurgie esthétique opère des miracles.

— Votre voix est restée la même. J'aurais dû la reconnaître.

— Dans ton inconscient, tu l'avais reconnue, je l'ai senti dès la première minute. Mais ta raison refusait d'admettre que ce fût moi.

— Ne me tutoyez pas ! s'écria Rastignac. Je ne suis et ne serai jamais votre ami ni votre complice ! Vous semez la ruine partout sur votre passage. Vous avez mené au suicide le pauvre Rubempré.

Trompe-la-mort poussa un rugissement de douleur et porta la main à son flanc.

Soudain, poussé par une sorte de panique, Rastignac courut vers une commode en acajou et marqueterie, chef-d'œuvre de l'ébénisterie du XVIIIe siècle qu'un connaisseur aurait attribué sans hésitation à Riesener, et plongeant la main dans un des tiroirs, en retira un revolver. Il braqua l'arme sur son visiteur.

Sans se hâter, ce dernier prit dans la poche de son veston un objet qui ressemblait à un sifflet et l'inséra entre ses lèvres. Aucun son n'en sortit ; mais l'effet sur Rastignac n'en fut pas moins immédiat : lâchant le revolver, qui tomba sur le tapis de la Savonnerie, pièce rarissime et hors de prix, l'amant de Delphine se boucha les oreilles en grimaçant de douleur. On entendit des cris dans d'autres pièces de l'hôtel, un bruit de pas précipités ; et soudain, la porte du salon s'ouvrit à deux battants comme sous une poussée brutale. Le chauffeur cannibale, car c'était lui, se rua vers son maître, haletant, les yeux exorbités, la bouche écumante.

— Ce petit objet est bien pratique, dit Trompe-la-mort en montrant le sifflet à son hôte. Les ultra-sons qu'il produit provoquent chez un homme civilisé un bref accès catatonique, mais sont perçus par les primitifs comme ils le sont par les animaux. Mon fidèle Almanzor a été dressé à accourir vers moi dès que je l'appelle au moyen de cet ingénieux appareil. J'ajoute que cet Hercule noir est prêt à déchiqueter entre ses mains n'importe quel ennemi que je lui désignerais, et par surcroît, à lui arracher le cœur pour le dévorer tout cru. Le cœur d'un Blanc a pour ces charmants sauvages une saveur incomparable. C'est une gourmandise de choix. Almanzor, ramasse le revolver de Monsieur et remets-le-lui. Monsieur est un ami. Ou du moins, il le deviendra, j'espère. À bientôt, Eugène, dit-il en se levant et en se dirigeant vers la porte, suivi de son esclave. Songe à ce que je t'ai dit. Le sommet de la *Nomenklatura* ! Il vaut mieux finir ses jours en beauté, dans l'opulence et la puissance. À bientôt.

Rastignac passa le reste de la nuit à marcher de long en large dans le salon. Sur le coup de trois heures du matin, il sonna son valet de chambre et se fit servir un *medianoche*. Puis, s'étant restauré, il alluma un cigare et se mit à rêver. Les perspectives étonnantes qu'avait évoquées Vautrin, les vues, réalistes jusqu'au cynisme, et sans doute irréfutables, sur la nécessité d'organiser sa vie en prévision d'un changement draconien de la physionomie politique de l'Europe, tout, enfin, avait jeté le trouble dans l'âme de l'ambitieux Eugène. Il n'adhérait au R.P.R., le parti gaulliste et libéral, que par fidélité à sa classe et peut-être un peu aux idéaux de sa jeunesse ; mais ses convictions n'avaient jamais été que de surface, le moindre souffle d'air pouvait les disperser. Or, cette nuit, c'était une vraie rafale qui avait passé sur elles. Au petit jour, lorsque enfin, épuisé par le combat qu'il venait de livrer contre lui-même, il regagna sa chambre, sa résolution était prise : peu à peu, par ruptures successives, il se détacherait du R.P.R. Avant deux ans, il aurait parachevé sa conversion politique, il serait devenu un des espoirs du P.C., l'ami et le confident de M. Fiterman. Alors, il pourrait voir venir l'apocalypse, ou le raz de marée communiste. En se glissant dans la fraîcheur des draps, il se murmurait à lui-même, comme une formule magique, ces quatre mots de défi, qui résumaient son activité future : « Parti, à nous deux, maintenant ! »

FLAUBERT

L'Éducation politique
de Madame Bovary

Au début d'avril, elle fit la connaissance d'un cousin de son mari, Robert Bovary, dont Charles lui avait parlé maintes fois comme d'un jeune homme brillant, promis à un grand avenir politique. Il se présentait aux élections législatives dans la circonscription dont faisait partie Yonville. Un soir, une réunion électorale eut lieu aux halles. Charles voulut y assister. Emma consentit à l'accompagner.

Le sigle P.S. imprimé en noir sur une large banderole rouge ornait la galerie à plein cintre du premier étage, des drapeaux portant l'emblème de la rose au poing étaient accrochés aux trois colonnes ioniques du rez-de-chaussée, une estrade avait été dressée au fond de la salle, avec des micros pour les orateurs. Les habitants de Yonville et les paysans des environs avaient déjà pris place sur les bancs de bois ; il s'élevait de ce public une rumeur énorme et monotone de voix, d'où se détachaient quelques sons plus aigus, de cris, de sifflets, de rires. Charles et Emma trouvèrent difficilement à s'asseoir sur le dernier banc, près de la famille Tuvache, qui consentit à se serrer pour leur faire place. Le maire Tuvache appartenait au R.P.R., ainsi que son conseil municipal. Il n'avait pas voulu siéger au premier rang. Autour des halles, de dix mètres en dix mètres, de robustes gaillards en maillots de corps se tenaient debout, bras croisés, mâchoires contractées, sourcils froncés, prêts à intervenir pour rétablir l'ordre, intimider un contradicteur, ou expulser un récalcitrant. Leurs biceps saillaient, ainsi que les muscles antérieurs de leurs cuisses et leurs croupes charnues sous les blue-jeans tendus à craquer ; ils avaient l'air de cariatides mâles, soutenant le temple des lumières socialistes.

Sur l'estrade, assis en demi-cercle autour du candidat parmi la douzaine de personnes qui formaient son équipe, quelques notables de Yonville. M. Homais était l'un d'eux. Il avait songé lui-même à se présenter. Puis, il y avait renoncé après mûre réflexion, sacrifiant ainsi une carrière politique qui aurait pu être fulgurante à l'exercice humble et probe de sa profession ; mais il était l'un des phares du progressisme dans la région, secondé dans son apostolat par M. l'abbé Poupineau, le vicaire, dont le zèle marxiste était si ardent que le pharmacien déclarait, au sujet de ce lévite exemplaire : « Avec des curés comme lui, on ne peut plus être anticlérical. Ils sont encore plus avancés que nous. »

Emma n'avait d'yeux que pour le candidat.

Il était grand, bien proportionné, les cheveux noirs et drus coiffés en arrière et luisant de brillantine, ce qui lui faisait un casque aux reflets métalliques, l'œil dominateur, le nez légèrement busqué, la bouche sensuelle. Il était vêtu d'un complet gris perle, avec une cravate mauve. Une grosse chevalière d'or brillait à l'annulaire de sa main gauche. Il était assis face à l'auditoire, jambes croisées, le bras droit rejeté derrière le dossier de sa chaise ; il regardait devant lui, avec un air d'assurance nonchalante. De temps à autre, il échangeait une remarque avec l'un de ses voisins, et tous deux souriaient largement. Emma lui trouva une élégance suprême. Ainsi, c'était là un tribun, un des hommes qui allaient peut-être infléchir le destin du pays. Elle fut heureuse et même flattée de lui être apparentée. Elle en voulait à son mari d'être arrivée en retard. S'ils étaient venus plus tôt, elle aurait pu être présentée à Robert (déjà, elle l'appelait par son prénom), et comme ils auraient été assis au premier rang, elle aurait eu tout loisir de le contempler de près.

Un assesseur se leva, demanda le silence ; quand la rumeur eut décru suffisamment, il déclara la séance ouverte, présenta l'une après l'autre les personnalités qui l'entouraient ; puis, préparant son effet par une pause, enfla la voix pour désigner Robert Bovary. *Un tonnerre d'applaudissements*, comme devait écrire M. Homais le lendemain dans le journal local, salua le nom du jeune candidat.

Celui-ci, à son tour, se leva. Il prit son temps. Il régla la hauteur du micro, qui se mit à grésiller. Il fit une plaisanterie sur les défectuosités habituelles de la « sonorisation ». Enfin, après s'être raclé la gorge comme un ténor de province sur le point d'entonner le grand air, il commença : « Mesdames, Messieurs, chers concitoyens. » La voix, amplifiée par les haut-parleurs, déferlait sur l'auditoire comme un tonnerre. L'orateur accabla de quolibets la partie adverse, dont les représentants n'avaient pas osé se montrer en public. L'allusion au maire Tuvache et à ses amis déclencha des rires. Emma trouva cet exorde inutilement méchant et même venimeux ; mais elle se dit que c'était sans doute la règle dans l'éloquence des réunions électorales. Robert Bovary passa aux choses sérieuses. Dans un premier point, il dénonça les ravages du gouvernement en exercice, stigmatisa son impuissance et son incurie.

Ce gouvernement était au pouvoir depuis vingt-trois ans. Les résultats de son œuvre, chacun pouvait les constater : inflation, chômage, le pays au bord de la faillite économique, « le peuple courbé sous le poids d'une misère grandissante », les commerçants accablés d'impôts, les paysans de France hantés par le spectre de la mévente, tout le profit disponible accaparé par les patrons et les bourgeois. Robert Bovary dépeignit ces derniers comme des buveurs de sang, des vampires, des parasites acharnés à pomper les dernières énergies de la nation agonisante. Il devint menaçant. Il réclama le châtiment des exploiteurs. Il promit que des têtes allaient tomber.

Toute la salle applaudit. Emma s'était demandé de quoi il parlait exactement, et si c'était bien la France contemporaine qu'il décrivait, et non point celle de Louis XIV. En effet, depuis plus de dix ans qu'elle habitait Yonville, elle avait pu constater, jour après jour, l'accroissement d'une prospérité généralisée, visible dans le nombre sans cesse grandissant des voitures, des récepteurs de télévision, des machines à laver et autres objets ménagers, dans la qualité des vêtements, l'extension des loisirs, l'habitude accrue des vacances à l'étranger. Pas une famille de Yonville qui ne connût les voyages en charter, le Club Méditerranée, l'Espagne ou l'Italie. Beaucoup allaient encore plus loin et l'on entendait couramment la bouchère ou le plombier déclarer, en fin septembre : « Cet été, nous avons fait l'Inde. » Il s'était ouvert une quantité de restaurants assez luxueux à la campagne, où les gens allaient déjeuner le dimanche, car les femmes ne voulaient plus cuisiner ce jour-là. Même les familles ouvrières possédaient une maisonnette avec jardin, « tout le confort », une voiture. Les jeunes, grands consommateurs de musique en conserve et de vêtements de confection, constituaient une clientèle facile, qu'on cherchait à maintenir dans un état permanent de convoitise. Ils avaient beaucoup d'argent de poche. On avait créé à Yonville un lycée du premier cycle, un collège technique, une nouvelle bibliothèque municipale, très bien fournie, une maison de la culture, équipée d'un théâtre, d'un cinéma, d'une discothèque. Comme la pauvreté, l'ignorance reculait, tout le monde était instruit. L'embourgeoisement universel était surtout sensible chez les paysans, dont M. Homais lui-même assurait qu'« ils ne se refusaient aucun luxe ». Le spectacle que donnait Yonville depuis vingt-trois ans n'était pas celui de la pénurie et de la faillite, mais exactement l'opposé : celui d'une prospérité inégalée dans le passé, d'une abondance insolente, en expansion illimitée.

Non, Emma ne reconnaissait pas Yonville dans le tableau sinistre que venait de tracer le candidat socialiste. Mais peut-être Yonville était-elle une exception, un îlot de bonheur dans une France exsangue ? Emma en doutait beaucoup. Il fallait donc croire que les apparences étaient trompeuses. Mieux informé qu'elle de la réalité profonde des choses, Robert Bovary avait pu discerner des maux qui restaient invisibles à une humble bourgeoise comme elle, politiquement illettrée.

Le deuxième point du discours énonçait le programme qui serait appliqué par les nouveaux élus socialistes. Il était immense et touchait à tous les domaines, de l'économie à l'éducation, de la sécurité à la culture. Les bienfaits promis donnaient le vertige. Le franc serait réévalué en quelques jours, grâce au miracle de « la confiance », l'inflation enrayée en six mois, le chômage résorbé en un an. On procéderait aux nationalisations nécessaires, mais il ne fallait surtout pas s'effrayer : leur nombre serait strictement limité. La pensée, l'opinion cesseraient d'être asservies, comme elles l'avaient été pendant vingt-trois ans, sous la tyrannie de De Gaulle, puis sous celles de Pompidou et de Giscard. Tout le monde aurait enfin la faculté de s'exprimer. Après vingt-trois ans d'étouffement moral, on respirerait ! Le nouveau pouvoir serait tolérant : il ne tiendrait pas rigueur à l'opposition, il admettrait la critique. Avec les libertés retrouvées, la France allait s'épanouir et accéder de nouveau à un statut de grande et puissante nation.

Cette fois encore, Emma fut stupéfaite d'apprendre qu'elle avait passé vingt-trois ans de sa vie dans l'étouffement moral et l'asservissement de la pensée : elle ne s'en était jamais aperçue ! Elle savait qu'elle avait souffert de la solitude et de l'absence d'amour, de la déception consécutive au mariage. Elle s'était ennuyée beaucoup, non par la faute de Pompidou ni de Giscard, mais par celles de Charles, des circonstances, par la sienne propre. Mais pas une seconde elle ne s'était crue asservie. Elle s'accusa d'inconscience. Robert Bovary ne parlait pas à la légère. Pourquoi mettre en doute ses paroles ? Elle aurait dû, au contraire, admirer son courage : car il lui fallait beaucoup de courage pour oser, en pleine tyrannie giscardienne, dénoncer à voix haute et en public l'asservissement de la pensée et la suppression des libertés !

Charles dit à Emma que l'orateur était très éloquent, mais que, peut-être, il exagérait un peu les choses. Haussant les épaules, elle eut la surprise de s'entendre répliquer : « Mon ami, comment pourrions-nous en juger ? Nous sommes aliénés par notre situation sociale. » Robert Bovary, dans son discours, avait parlé de « l'aliénation bourgeoise ».

Charles voulut aller féliciter son cousin. Ils se frayèrent un chemin jusqu'à l'estrade à travers la foule qui s'écoulait. Le candidat était très entouré. Charles eut beaucoup de peine à parvenir jusqu'à lui. Les deux hommes ne s'étaient pas rencontrés depuis des années. Robert fut cordial, avec modération. Mais lorsque Charles, faisant avancer Mme Bovary qui était restée un peu en retrait, dit à son cousin : « Je te présente Emma, mon épouse », un changement à vue se produisit dans la figure du candidat, qui s'éclaira de tous les feux de la sympathie. Ses yeux étincelèrent, il eut un large sourire, il rectifia son nœud de cravate, s'écria : « Ma petite cousine Emma ! Quelle charmante surprise tu m'as réservée, Charles ! » Ses efforts oratoires l'avaient échauffé, la sueur coulait sur ses tempes et autour de sa bouche, il l'essuyait avec un mouchoir mauve. Emma remarqua la grosse gourmette d'or à son poignet un peu velu. Robert s'excusa de ne pouvoir leur consacrer plus de temps ce soir-là, mais il déclara, en posant sur Emma un regard très appuyé, qu'il reviendrait à Yonville et « s'inviterait sans façons ».

114

— Eh bien, fit Charles quand ils se furent éloignés, on peut dire que tu l'as conquis ! Quel succès ! Cela ne m'étonne pas : tu séduis tout le monde !

— Allons, ne dis pas de sottises, répondit-elle avec un rire un peu gêné. C'est un galant homme, voilà tout.

Charles lui avait dit que Robert Bovary était célibataire.

En juin, les deux époux adressèrent un télégramme de félicitations à leur cousin, qui avait été élu.

La pluie tomba sur Yonville pendant des jours, avec de rares éclaircies. Emma ne sortit presque plus de chez elle. Enfermée dans sa chambre, elle passait des heures auprès du feu, à lire des romans ou à regarder la télévision. Elle trouvait les feuilletons insipides, mais elle les suivait malgré tout, comme fascinée par leur niaiserie. Elle regardait aussi les actualités, *pour se tenir au courant* de ce qui se passait dans le monde, bien que l'agitation politique de la planète lui parût futile, comparée à son drame à elle, qui était de ne savoir que faire de sa vie. Il lui arrivait de penser qu'une guerre mondiale la distrairait de son ennui quotidien, de sa détresse monotone ; mais on disait qu'une guerre, aujourd'hui, n'épargnerait pas les civils, surtout si on utilisait les armes nucléaires, et qu'une conflagration générale entraînerait la fin du monde. Eh bien, pourquoi pas ? Cela lui serait égal de disparaître, si l'humanité tout entière disparaissait avec elle. Pulvérisée dans une apocalypse atomique, c'était une façon originale d'achever une existence sans intérêt. Elle songea aux villes ou aux civilisations qui avaient disparu ainsi, anéanties par un embrasement cosmique : Sodome, Pompéi, Saint-Pierre de la Martinique, ou un cataclysme : l'Atlantide. Oui, ce serait sans doute la meilleure des fins.

Elle contemplait, à travers les vitres de sa fenêtre, Yonville noyée sous la pluie. Ce ruissellement doux semblait ne devoir jamais s'arrêter. Les voitures roulaient avec lenteur sur l'asphalte luisant. Emma reconnaissait certaines d'entre elles. La Renault 5 verte de l'assistante sociale s'arrêtait à dix heures devant le dispensaire. Mlle Rolande Tuvache, la fille du maire, en descendait, claquait la portière avec vigueur, jetait un regard de défi autour d'elle. C'était une grande fille osseuse, d'une trentaine d'années, avec un visage chevalin, des cheveux raides coupés court, une gaucherie d'adolescente attardée. Elle était toujours accoutrée en homme, pour marquer son égalité avec le sexe fort. Elle présidait le comité local du Mouvement de libération des femmes, à ce titre avait soutenu la campagne du candidat socialiste aux législatives. Ayant rompu depuis des années avec sa famille, elle déclarait volontiers qu'elle était « en révolte contre son milieu bourgeois ». Or, peu après les législatives, cette Rolande Tuvache téléphona un jour à Mme Bovary pour l'inviter, en tant qu'épouse de médecin, à une séance du comité, où seraient examinés quelques problèmes relatifs à la condition féminine en milieu rural. Emma accueillit avec plaisir cette occcasion de se distraire.

Une vingtaine de femmes étaient présentes à la séance, qui avait lieu dans la salle du patronage catholique, obligeamment prêtée pour l'occasion par M. l'abbé Poupineau. Le vicaire siégeait sur l'estrade à côté de Rolande Tuvache et de Mme Oudin, la coiffeuse, une des têtes du Mouvement à Yonville. L'abbé portait un chandail gris troué aux coudes, un pantalon en velours côtelé, des lunettes cerclées de fer. Il évoqua, d'une voix râpeuse, la longue conquête de leurs droits par les femmes, depuis les suffragettes du siècle dernier. Il employa des mots que Mme Bovary entendait pour la première fois, tels que « déontologie » ou « paramètre ». Il fit un exposé des techniques d'asservissement encore pratiquées en certaines régions du globe.

Plusieurs peuplades africaines soumettaient les femmes à l'excision du clitoris, afin de leur interdire la volupté. D'autres les enlaidissaient dès l'enfance ; on se rappelait encore les « négresses à plateaux » que le colonialisme français n'avait pas eu honte d'exhiber en public. Ailleurs, on enterrait vives les adultères, après les avoir lapidées. Ces mœurs ne subsistaient plus en Europe occidentale où les méthodes en usage rappelaient plutôt le lavage de cerveau. Pendant des siècles, les États phallocrates européens avaient imposé aux femmes les notions de virginité, de fidélité, d'amour maternel, de foyer, mythes archaïques qui ne servaient qu'à consolider la suprématie aliénante du mâle. C'était fini. Les femmes avaient enfin conquis leur indépendance. Elles revendiquaient les mêmes droits que les hommes, *à tous les niveaux*. Dans ce combat ininterrompu, Yonville, grâce à l'action militante de la camarade Tuvache, comptait parmi les communes les plus avancées de France. L'abbé Poupineau invitait les femmes présentes à une franche discussion sur leurs problèmes intimes, domestiques, professionnels. « On est là tous ensemble pour s'exprimer, conclut-il. L'important, c'est de dire la sexualité comme tout le reste. »

Le vicaire avait parlé sans une pause, sans une hésitation, en homme qui possède à fond la substance de son discours. Il avait fait des citations empruntées à l'ethnologie, au freudisme, à d'autres disciplines, mais pas une seule à l'Évangile, sans doute par discrétion, par un souci bien naturel de ne pas mettre en avant sa cléricature. Ce devait être un homme délicat ; sa tenue indiquait une louable simplicité : c'est ainsi, par exemple, qu'il n'exhibait pas, sur son chandail, la minuscule croix de métal qui permet d'identifier les gens d'Église même dans un mauvais lieu. On ne pouvait pousser plus loin l'effacement professionnel.

Les femmes présentes semblaient pétrifiées de timidité. Alors, Rolande Tuvache, à son tour, se leva. Elle s'adressait à l'ensemble du public, mais son regard revenait invinciblement sur le visage de Mme Bovary comme s'il avait été aimanté par lui. Emma finit par se sentir embarrassée, baissa les paupières. Elle avait déjà remarqué, dans la rue, chez les fournisseurs, ce regard de Mlle Tuvache, fixe et dilaté. Elle avait cru observer aussi des rougeurs soudaines, des mouvements brusques et désordonnés, symptômes qu'elle attribuait à la timidité. Mlle Tuvache demanda aux femmes présentes, surtout aux rurales, si elles avaient à se plaindre de la façon dont leurs maris les traitaient. Mme Bovary fut surprise de l'entendre tutoyer tout le monde ; mais après tout, la communauté féminine est formée de camarades, solidaires du même combat.

Une paysanne, au dernier rang, leva la main.

— Comment t'appelles-tu ? s'enquit Mlle Tuvache.

— Fernande Cruchat.

— D'où es-tu ?

— De Cumont.

— Parle, Fernande. Tu peux t'exprimer librement.

— C'est que... certaines choses, dit la paysanne avec hésitation. Monsieur l'abbé, n'est-ce pas, fit-elle en désignant, du menton, l'ecclésiastique en chandail.

— Ta réticence, camarade, dit le vicaire, montre que tu es encore aliénée dans le discours phallocratique. Vas-y. Je peux tout entendre.

— Il n'arrête pas, murmura la paysanne d'un air faraud.

— Qui ? Ton mari ? s'écria Mlle Tuvache avec violence.

Fernande Cruchat inclina la tête, en signe affirmatif.

— C'est tout le temps, dit-elle, promenant sur l'auditoire un regard dont on n'aurait su dire s'il implorait la compassion ou défiait l'incrédulité.

— Refuse-toi, s'écria Mlle Tuvache en martelant les mots. Enferme-toi dans ta chambre. Achète un revolver, ou du moins une bombe incapacitante...

— Une bombe !

— Incapacitante. C'est en vente libre chez les armuriers. L'adversaire est paralysé. Je te montrerai comment t'en servir.

— Une bombe...

— Ou alors, cache une bêche sous ton lit.

— Il me tuerait ! dit la paysanne avec une nuance de fierté.

Mme Bovary imagina la scène. Fernande Cruchat en camisole blanche, pantelante de terreur au pied de son lit, tandis que le mari, fou de désir, frappe à coups de poing sur la porte de la chambre. Pourquoi la vie était-elle si colorée pour certaines femmes, si terne pour d'autres ?

Elle fut brusquement tirée de sa rêverie par la voix saccadée de Mlle Tuvache, qui s'adressait à elle :

— Et toi, Emma, où en es-tu avec ton mari ?

Elle se sentit pâlir.

— Je suis..., commença-t-elle, la gorge sèche.

Un silence de mort attendait la suite de sa phrase. Tous les regards du public s'étaient tournés vers elle.

— Je suis au-delà, acheva-t-elle sans trop savoir ce qu'elle voulait dire exactement.

Si Mme Bovary avait manifesté des dons exceptionnels, dansé comme la Pavlova, joué Racine comme Sarah Bernhardt, elle ne se fût pas attiré plus de considération auprès de l'intelligentsia de Yonville, et même de Rouen, que par cette réponse dont elle aurait été bien incapable d'expliquer l'origine et le sens. C'était un de ces coups de génie aveugles qui traversent au hasard une âme ingénue et lui arrachent une formule sibylline, comme la brise fait gémir une harpe éolienne. Le mot fut commenté dans les salons. Mlle Tuvache écrivit à Emma des lettres débordantes d'exaltation sentimentale, écrites dans un style de lycéenne. L'abbé Poupineau ne cacha pas son admiration.

— Tu sais, mon petit, disait-il à Mme Bovary avec la rugueuse familiarité de rigueur parmi les camarades d'un même combat, tu m'as eu, l'autre jour, par ta réponse à la question de Rolande. « Je suis au-delà ! » En trois mots, tout est dit ! Une trouvaille ! La résignation séculaire des femmes, rendue dans un raccourci saisissant. Tu devrais noter tes impressions, tes remarques. Vas-y, mon petit, lance-toi. L'important, c'est de dire la sexualité.

Il n'en fallait pas tant à Emma pour l'inciter à écrire. Elle avait déjà tenu, autrefois, un journal intime, dans un cahier d'écolier relié en noir. Elle le reprit. Chaque jour, enfermée dans sa chambre, elle écrivait une ou deux pages d'impressions, de jugements sur la vie, sur « les êtres ». Elle ne reculait pas devant des aveux qui lui parurent d'une audace jamais atteinte jusqu'alors ; mais lorsque, pressée par l'abbé Poupineau, elle lui permit de prendre connaissance de ses tentatives, le commentaire de l'homme d'Église fut très défavorable, et même blessant pour Emma. Ces aveux qu'elle avait crus hardis n'étaient pour lui que berquinades. Par-dessus tout, il déplorait le style correct de ces pages, l'équilibre des phrases, l'observance niaise des règles, l'absence de fantaisie syntaxique. Évidemment, ce qu'avait écrit Emma était « lisible ». Mais pouvait-on considérer la lisibilité comme une vertu littéraire ?

— Tu comprends, mon petit, dit-il à Emma, il vaudrait mieux que tu plonges carrément dans la confusion mentale, le délire, l'écriture automatique. Ce que tu as écrit là, c'est une confession de chaisière. Tes phantasmes de quatre sous, on les étale depuis des années dans la presse du cœur. Lis Georges Bataille, mon petit. Relis *L'Œil*.

Emma se sentit mortifiée. Elle remisa le cahier noir dans son bureau ; mais le nouveau rôle imaginaire qu'elle venait d'adopter ne fut pas, lui, remisé. Il lui servit pendant tout l'été, et une partie de l'automne, jusqu'à la Toussaint environ : le rôle de la femme libre, évoluée, spirituelle, qui est capable de répondre crânement « Je suis au-delà » quand on lui demande où elle « en est » avec son mari. Les valeurs sentimentales qui, jusqu'alors, avaient occupé toute sa vie furent provisoirement éclipsées par les valeurs intellectuelles, ou culturelles. *La figure qu'elle faisait dans le monde* préoccupa désormais Mme Bovary plus encore que ne l'avait fait son destin amoureux ; mais il est vrai que l'une et l'autre, parfois, se confondaient.

Elle voulut s'initier à la politique, qui ne l'avait jamais intéressée. Elle votait comme Charles, qui votait R.P.R. Elle décida d'avoir des opinions personnelles, au lieu d'adopter sottement celles de son mari : une femme libérée doit être « autonome », comme le lui répétaient Mlle Tuvache et le vicaire, les deux augures yonvillais du progressisme. Puisque ces deux-là étaient socialistes, Emma se dit que le parti de M. Mitterrand représentait ce qu'il y avait de plus moderne dans la pensée politique en France. Il ne fallait donc pas hésiter : elle serait socialiste. Elle se mit à fumer des Gauloises bleues, comme Mlle Tuvache ; elle essaya de mêler quelques termes argotiques, voire graveleux, à son langage habituel, comme l'abbé Poupineau, mais cela passait plus difficilement encore que l'âcre fumée des Gauloises, qui la faisait tousser. Elle sentit qu'en adoptant ces tournures grossières, ces expressions de corps de garde, elle se donnait un genre affecté, artificiel. Un jour, elle fit sursauter son mari et M. Homais en observant que le discours de tel député à l'Assemblée nationale était « vachement con ». M. Homais la regarda de travers, comme s'il pensait qu'elle devenait folle. Charles rougit jusqu'aux sourcils. Emma comprit qu'il ne fallait pas *en faire trop*. Elle se limita donc à son vocabulaire habituel, qui était décent.

Elle commença la lecture du *Capital*, mais renonça au bout de dix pages. Un manuel de vulgarisation du marxisme, qu'elle lut presque entièrement et comprit en partie (sauf la notion de plus-value, trop absconse) lui donna l'impression d'avoir franchi, intellectuellement, un pas énorme. À la fin de sa lecture, elle n'était plus tout à fait la même. Elle jugea sévèrement la petite bourgeoise vaine et frustrée qu'elle avait été jusqu'à ce jour. Maintenant, elle avait pris conscience de sa situation, elle « s'assumait », elle n'était plus engluée dans « le discours des autres ».

Elle rêva de ces destins exceptionnels qu'ont eus certaines femmes hors du commun, toutes dévouées à la cause humanitaire, une Louise Michel, une Rosa Luxembourg, ou la compagne de Lénine, dont le nom était impossible à se rappeler, comme tous les noms russes. Il est vrai que ces trois femmes étaient laides, ou du moins, de physionomie ingrate, si l'on se fiait aux photographies. La laideur était un prix trop cher à payer pour cette sorte de gloire. Mais aujourd'hui, il semblait que la politique et la beauté, pour une femme, ne fussent pas incompatibles. Mme Françoise Giroud, Mme Simone Veil, Mme Marie-France Garaud en étaient les illustrations éclatantes.

Elle s'imagina occupant un poste de responsabilité et de prestige au gouvernement ou dans la haute administration politique. Elle se faisait habiller par un grand couturier, mais adoptait, une fois pour toutes, la même tenue, parfaitement classique ; ce tailleur strict, c'était son image de marque. Sa silhouette nette, sans ornements inutiles, devenait célèbre. Un seul bijou, mais d'une grande valeur : par exemple, une bague ornée d'un énorme diamant. Quand sa limousine pénétrait dans la cour de l'hôtel Matignon, il y avait toujours quelques badauds qui, avertis de son arrivée, l'attendaient, debout sur le trottoir face à la porte cochère, rue de Varenne. Certains applaudissaient sur son passage. Les agents de ville se mettaient au garde-à-vous, saluaient militairement. Avant de gagner son bureau, elle se rendait à celui du premier ministre. Robert Bovary l'attendait, seul. Ils s'étreignaient brièvement, échangeant un regard où brillait le souvenir de leur dernière nuit ; puis ils tenaient conseil sur les affaires du jour. Amants, ils étaient liés aussi par le travail commun, une collaboration politique étroite ; ils étaient « complices », comme elle disait, employant un terme que semblaient apprécier particulièrement les gens modernes, évolués, qu'elle fréquentait, tels Mlle Tuvache, l'abbé Poupineau, ou certaines hôtesses des salons rouennais. À l'Assemblée, ses interventions étaient toujours très remarquées. Elle parlait posément, mais savait aussi railler, et même lancer quelques flèches mortelles. Les journaux citaient ses mots à l'emporte-pièce. Sur tous les problèmes, ses vues, qu'elle avait su faire partager à Robert Bovary, présentaient une grande cohérence. Elle avait du courage, de la décision. Même l'opposition lui rendait hommage. Un député R.P.R. avait dit d'elle : « C'est le seul homme au gouvernement. »

Au début d'octobre, Robert Bovary revint passer quelques jours dans sa circonscription, téléphona, déclara jovialement qu'il « s'invitait à dîner ». Charles crut devoir donner un dîner mondain, quasi officiel : il convia quelques notables, un gros propriétaire terrien des environs, le marquis et la marquise d'Andervillers, et, sur le conseil d'Emma, Mlle Tuvache. Ce n'était pas une très bonne idée, car, à l'exception de l'assistante sociale, ces hôtes étaient, soit des adversaires déclarés du régime, soit des partisans déçus. En effet, depuis plusieurs semaines, le climat politique se détériorait. Le franc perdait de sa valeur chaque jour. Le chômage augmentait. On s'inquiétait des mesures que le nouveau gouvernement venait de prendre dans le domaine fiscal. Le processus de socialisation paraissait trop rapide à certains. D'autres étaient rebutés par le sectarisme agressif dont venaient de faire preuve, au Congrès de Valence, quelques têtes du parti, dans les propos de qui on retrouvait les accents et les formules de 1793. Pour toutes ces raisons, les invités de Charles ne se sentaient pas très bien disposés à l'égard d'un régime pour lequel deux ou trois avaient pourtant voté le 10 mai. Il y eut des moments de tension, des silences lourds, des remarques aigres-douces de la part du propriétaire terrien et du marquis. Le député essaya de surmonter ces réticences par un grand déploiement de verve. Avec l'aide des vins millésimés que fit servir Charles, il y réussit ; à la fin du repas, tous les convives semblaient détendus, parlaient à la fois, riaient des bons mots lancés par le député ou par le marquis. Mlle Tuvache, qui avait beaucoup bu, attachait un regard mouillé et un peu bovin sur Mme Bovary ; mais celle-ci n'avait d'yeux que pour l'hôte d'honneur, assis à sa droite. Pendant la soirée, il lui avait paru nimbé d'un éclat quasi surnaturel, comme un demi-dieu. Des hors-d'œuvre au dessert, le demi-dieu ne cessa pas d'effleurer, sous la table, de la pointe de son soulier, l'escarpin d'Emma.

Le lendemain de ce dîner, Charles apprit la mort d'un de ses oncles du côté maternel, duquel il escomptait un héritage. Il partit aussitôt pour Caen, où devaient avoir lieu les funérailles. Il annonça qu'il serait absent deux ou trois jours, le temps de régler les affaires de succession. Une heure après son départ, le député faisait monter sa cousine Emma à côté de lui, dans sa voiture Viva sport, blanche et svelte comme une barque royale.

Ils s'élancèrent sur l'autoroute à cent quatre-vingts à l'heure. Le visage fouetté par le vent de la course, Emma fermait les yeux à demi, d'exaltation et de plaisir. Elle n'avait pas résisté une minute à la tentation de cette escapade dont les suites n'étaient que trop prévisibles. Elle laissait le hasard décider de sa vie. L'abbé lui avait dit qu'il fallait être « disponible ». C'était un conseil qu'elle ne demandait qu'à suivre, aveuglément.

Deauville était presque déserte, sous un ciel gris. Des nuages roulaient à l'horizon, le vent soulevait des volutes de sable sur la promenade des planches, des mouettes tournoyaient au-dessus de la plage en poussant toutes ensemble leurs cris gutturaux, deux vieilles Anglaises vêtues de tweed marchaient d'un pas régulier, sans parler, comme elles devaient faire tous les jours, par n'importe quel temps, un Arabe solitaire leur proposa d'acheter le tapis qu'il transportait sur l'épaule depuis Kairouan ou Marrakech, elles refusèrent d'un hochement de tête, il continua sa route, découragé. Des brumes bleuâtres se levèrent sur la mer, l'odeur de saumure devint plus forte, le vent fraîchit. Il y avait dans cette marine tout en grisaille, ce camaïeu d'une station balnéaire retournée à la solitude et au froid de l'hiver, le désenchantement des plaisirs défunts, la mélancolie d'un cadre vide, l'ennui presque vertigineux du désœuvrement.

Ils retournèrent à l'hôtel Normandy, dînèrent de fruits de mer et de soles dans la vaste salle à manger presque vide, dont une pluie vespérale battait les vitres. Elle voulut amener Robert à parler de son activité au Parlement, des problèmes de l'heure, du Congrès de Valence auquel il avait participé. Il répondit qu'il était en vacances et que les questions de métier l'ennuyaient. Il employa une expression beaucoup plus crue. Emma, froissée de cette grossièreté soudaine, baissa les yeux. Malgré tous ses désordres, elle avait gardé une certaine délicatesse, qui ne pouvait s'accommoder de la goujaterie à la mode. Elle fit allusion au Mouvement de libération des femmes, mentionna la soirée à laquelle elle avait assisté, les questions posées par Mlle Tuvache. Robert Bovary éclata en sarcasmes contre ces « hystériques » et fit valoir des opinions qui auraient paru très réactionnaires, voire « fascistes », à l'abbé Poupineau. Il déclara qu'il n'aimait, pour sa part, que les odalisques, les prostituées et les petites bourgeoises soumises. Emma demanda dans quelle catégorie elle entrait. Il haussa les épaules, alluma un cigare.

Ils allèrent au casino, où il voulait jouer. Il disposait de cinq mille francs nouveaux, qu'il était, dit-il, prêt à perdre.

Cinq joueurs étaient assis autour de la roulette : une vieille femme au visage plâtré, inexpressif, dont les yeux seuls, cerclés de noir, vivaient d'une vie intense, comme deux particules de radium dans la pierraille ; un homme à profil de mouton, avec des cheveux blancs et des paupières d'albinos, roses et sans cils ; un cheik du golfe Persique, obèse, en tarbouch et gandoura, abritant son regard derrière des lunettes noires ; enfin, deux femmes très maquillées, d'une élégance outrancière. Le croupier avait une tête de momie, sans lèvres ; il laissait tomber les phrases fatidiques, « Faites vos jeux », « Rien ne va plus », d'une voix sépulcrale, qui résonnait dans la vaste pièce presque vide comme celle d'un oracle dans un hypogée ; et les joueurs obéissaient en silence, comme des zombies, comme des spectres. Ensuite, on entendait le roulement de la boule dans la cuve magique, creusée de cavités colorées ; et les regards qui s'attachaient à sa course brillaient d'un éclat plus vif, dans l'attente du coup heureux qui apporterait à l'un l'effacement d'une dette, à l'autre l'accroissement infime d'une fortune qu'il n'aurait même pas su évaluer, à celui-ci la satisfaction d'un vice rare et coûteux, à celle-là le seul frisson dont sa vieille chair était encore capable.

Robert perdit les cinq mille francs.

Sur le chemin du retour à l'hôtel, il fut d'une humeur massacrante, pesta contre les maisons de jeux, qu'on devrait fermer par simple souci de moralité publique. Le socialisme s'y emploierait, comme il allait imposer sévèrement les fortunes, brimer les riches, aplanir les inégalités. Dans la chambre, leur étreinte fut brève et mécanique ; puis Robert se tourna contre le mur, et bientôt le demi-dieu qu'Emma avait cru voir en lui six mois plus tôt se mit à ronfler. Elle ne parvint pas à dormir. Les yeux ouverts dans le noir, elle écoutait la rumeur monotone de l'océan, le gémissement du vent, le grincement métallique d'un volet qui oscillait sur ses gonds. Il lui tardait que le jour se levât. L'homme étendu à son côté ne lui inspirait plus que du dégoût, comme Léon avait fini par la dégoûter, et Rodolphe lui-même. Le rôle qu'elle s'était essayée à jouer, encouragée par l'abbé Poupineau et Mlle Tuvache, lui apparaissait maintenant aussi dérisoire que les autres. Et elle savait, avec une certitude morne, que les jours à venir se ressembleraient tous, apportant chacun son poids de désillusion et de lassitude, la monotonie des recommencements, l'amertume de la résignation.

ZOLA

L'Aurore

C'est une bien jolie petite ville que Valence, ancienne capitale du Valentinois, aujourd'hui préfecture du département de la Drôme. À peu près à mi-chemin entre Lyon et Avignon, elle est la porte de la Provence ensoleillée ; c'est par elle que passe la frontière entre le Nord et le Midi. Par sa situation sur une terrasse dominant le Rhône, par le charme et la gaieté de ses rues et de ses places, elle est latine. Elle s'enorgueillit de posséder en son musée la plus magnifique collection de dessins de Hubert Robert à la gloire de l'Italie. En temps ordinaire, son animation est celle de n'importe quelle petite ville de France. On peut se promener à loisir dans la grand-rue ou place de la République ; et certains après-midi d'été, à l'heure de la sieste, la place des Gémeaux est quasi déserte. Mais ce vendredi matin, 23 octobre, un raz de marée de voitures, dégorgeant de la « bretelle » de l'autoroute qui longe le Rhône, se déversait dans le champ de Mars, face à la statue du général

Championnet, une des gloires de la ville. Ce flot ininterrompu, qui avait commencé à rouler dès cinq heures du matin, recouvrait l'autoroute d'une double coulée de métal scintillant, l'une venant du nord, l'autre du sud. La plupart des véhicules portaient les plaques minéralogiques des départements les plus proches : l'Ain, l'Isère, la Saône-et-Loire, l'Ardèche, le Gard, le Vaucluse, mais un grand nombre venaient aussi de Marseille, de Nice, et même de Paris. Des milliers et des milliers de voitures convergeaient vers Valence, comme si l'ancienne rivale de Lyon eût été promue au rang de nouvelle capitale de la France. Elles coulaient dans la vieille cité comme un fleuve épars et lent, étranglé dans les étroites artères qui n'avaient pas été conçues pour un tel déferlement, mais pour la circulation fluide et paresseuse de piétons et de cavaliers, de chaises à porteurs et de carrioles.

Une modeste Citroën trois chevaux, qui avait l'air d'un jouet en tôle, tentait de se frayer un chemin plus rapide, que semblait lui permettre sa petitesse par rapport à ses voisines. Le conducteur était un jeune homme d'environ vingt-cinq ans, dont les larges et fortes mains étreignant avec fermeté le volant disaient assez qu'il appartenait à la classe des travailleurs, mais dont le profil fin et pâle trahissait une nature peut-être étrangère, sinon supérieure, à sa condition prolétarienne. La jeune femme assise à son côté devait avoir le même âge. Elle présentait ce type de beauté méditerranéenne qui peuple les villes et les villages provençaux de madones au teint de brugnon, à la chevelure noire et lustrée, aux yeux brillants d'une flamme innocente. Le petit garçon bouclé et potelé qu'elle tenait sur ses genoux blottissait sa tête contre l'épaule de sa maman. Tous deux eussent pu servir de modèles pour le groupe classique de la Vierge et de l'Enfant, non à un peintre comme Raphaël, trop suave, mais à un artiste rude et naturaliste comme Le Caravage, qui a montré tels qu'ils étaient les paysans, les artisans et les reîtres de son siècle.

Les deux jeunes gens portaient une rose rouge, lui, à la boutonnière, elle, à son corsage. La foule très dense, sur les trottoirs, était fleurie, elle aussi, de roses et de lavande ; et tous les visages rayonnaient de bonne humeur. Le fleuve des humains et le fleuve des voitures coulaient dans la même direction, vers un palais de ciment, de verre et d'acier, chef-d'œuvre de l'architecture du XXe siècle : le hall du parc des expositions de Valence.

— Nous sommes en retard, nous n'arriverons pas à temps pour le premier discours, dit le jeune homme à celle qui était, non son épouse, mais sa compagne, car ces deux enfants des temps modernes n'étaient pas mariés.

Partisans résolus de l'union libre, ils n'avaient pas eu besoin d'échanger des serments devant un prêtre, ni même de signer un registre à la mairie républicaine et laïque, pour unir loyalement, courageusement, leurs destinées.

— Beaucoup de gens seront en retard, Sylvain,

répondit la jeune femme. Les organisateurs ne commenceront pas à l'heure prévue, ils attendront. Mais que de monde ! Ce sera un triomphe.

— Oui, Yvette, un triomphe ! répéta le jeune homme dont les yeux s'étaient mis à briller de plus belle.

— Où on va, maman ? s'enquit le petit garçon.

— Je te l'ai déjà dit, mon chéri : au Congrès.

— Y aura des manèges ?

— Ah, ça, non, je ne crois pas qu'il y aura des manèges. Mais ce sera très joli quand même.

— Y aura des autos tamponneuses ?

— Non plus. Mais comment ! Tu veux encore aller dans des autos tamponneuses alors que nous roulons depuis six heures ? Tu n'es pas fatigué d'être dans la voiture ?

Le petit garçon secoua la tête gravement pour signifier qu'il n'était pas fatigué. Il s'était redressé et regardait à travers la vitre, en ouvrant bien grand ses yeux bleus, le fleuve des voitures sur la chaussée et la marée humaine sur les trottoirs, épaisse, interminable, irrésistible.

— Tu sais ce que ça me rappelle, Yvette ? murmura Sylvain. L' « Hymne à la joie » de la *Neuvième Symphonie*.

— Oui, tout à fait !

Et tous deux se mirent à fredonner, la, la, la, la, la, le célèbre morceau dans lequel le Grand Sourd prophétique a vraiment symbolisé le chant de victoire de l'humanité en marche.

— Dis, maman, tonton Fidel, il sera là ?

— Je ne crois pas, mon chéri. Il habite très loin, très loin, près de l'Amérique, et il est très occupé. Il n'aura pas eu le temps de venir.

Le garçonnet parut un peu déçu.

Ils étaient arrivés maintenant en vue du hall, tendu de drapeaux rouges au sigle du P.S. Une rumeur énorme, réverbérée par l'écho à l'intérieur, sortait du gigantesque édifice et refluait sur la coulée métallique des voitures, comme la houle de l'océan sur le fleuve qu'elle absorbe. Il fallait maintenant garer la Citroën. Des zones de garage avaient été prévues sur l'esplanade, mais l'opération n'en prit pas moins une vingtaine de minutes : rançon de lenteur, que le siècle de la vitesse doit payer à la loi inexorable du nombre !

Enfin, ils purent pénétrer dans le hall.

Ce fut un éblouissement.

L'intérieur de l'édifice formait une féerie prodigieuse de rouges et de bleus lavande, le rouge l'emportant sur le bleu qui semblait n'être là que pour en rehausser, par le contraste de sa rustique douceur, la triomphante et flamboyante débauche. Rouges les draperies tendant les murs, festonnant l'estrade où avaient pris place les délégués du parti. Rouges les énormes bouquets de roses naturelles, partout érigés, et de roses artificielles, imitant si parfaitement leurs sœurs vivantes qu'il était impossible d'identifier les unes et les autres. C'était un embrasement, un incendie brûlant d'un bout à l'autre de l'énorme vaisseau, nef écarlate chargée de l'espoir d'un peuple, astre incandescent dont les flammes aveuglaient d'abord, mais bientôt les yeux, s'accoutumant, distinguaient les bouquets et les tentures, les draperies et les drapeaux, les fleurs et les étoffes, le velours incarnat des pétales imités et la chair veloutée des pétales vivants ; et tout ce rouge végétal et floral, soyeux, tapissier, quand le touchait un rayon de soleil filtrant à travers les verrières du plafond, ou glissant par les ouvertures latérales, rutilait soudain comme du sang, un beau sang riche, généreux, qui aurait irrigué l'organisme interne d'un géant ; et les milliers de fidèles étaient baignés dans ce sang comme les participants d'un grand rite mystique de régénération ; et l'on ne savait plus si c'étaient des roses ou des fleurs de sang qui éclataient sur tant de poitrines, s'épanouissaient sur tant de poings levés, embrasait les lèvres purpurines des femmes. Ils étaient venus de partout, ces fidèles : canuts de Lyon, éleveurs de Bourg-en-Bresse, métallurgistes de Clermont-Ferrand et de Saint-Étienne ; ils étaient venus de la montagne et la plaine, du Gard embaumé de garrigues, de la Camargue aqueuse et de la Crau torride, de Gap, de Carpentras, de Digne. Toutes les routes du Sud-Est, convergeant vers Valence, avaient charrié des milliers de travailleurs dans leurs petites Renault, Peugeot, Citroën, les humbles véhicules du peuple, vers le cœur rouge du géant débonnaire, où battait follement l'espoir des temps nouveaux.

La rumeur dans le hall était assourdissante, une

basse grondante et continue d'où jaillissaient des cris, des vivats, des appels, les noms clamés des délégués, chefs de file dont les visages étaient familiers à ce public. Perdus au sein de la foule, presque portés par les mouvements puissants qui la faisaient osciller comme une mer, Sylvain et Yvette, étroitement enlacés, lui portant l'enfant sur son bras droit, avaient l'impression enivrante d'être mêlés à cette foule comme des particules indistinctes ; en cette minute, ils vivaient une véritable communion. C'était merveilleux de se sentir liés à tous et à toutes par une solidarité de classe qui avait la force obscure d'une parenté biologique. Sylvain regardait ses voisins, sans doute des travailleurs comme lui, des petites gens qui peinaient leurs quarante heures par semaine, qui devaient affronter les mêmes problèmes vitaux que lui : pourrons-nous changer de voiture cette année, en acheter une plus grande, plus confortable, de meilleur standing ; où irons-nous passer les vacances l'été prochain, on ne peut pas toujours aller à Sainte-Maxime, Yvette a envie de connaître l'Espagne ; j'ai besoin d'un nouveau complet habillé, bleu marine, pour le soir ; il y a aussi cette machine à laver la vaisselle que j'ai promise à Yvette pour Noël ; et puis il faut renouveler notre abonnement au club de lecture ; et bientôt Bébé sera en âge d'avoir sa première bicyclette, tous ses petits copains en ont une... Enfin, les problèmes quotidiens, la lutte pour la vie, la conquête progressive de la sécurité et du bien-être, et tout ce qu'il faut allonger pour s'assurer l'une et l'autre, avec la retraite au bout, ah ! la retraite, caressée comme un rêve, des années à l'avance, la maisonnette avec une pelouse devant et le jardin potager derrière, où l'on cultivera ses salades... Eh bien, Sylvain était sûr que ces préoccupations, il les partageait avec tous ceux qui se trouvaient dans le hall, ceux qui étaient venus comme lui dans le ventre rouge du bon géant ; et cela lui faisait chaud au cœur de penser qu'ils étaient exactement comme lui : ses proches, ses frères. Et Yvette, il le devinait aux frémissements de son tendre corps contre le sien, Yvette, elle aussi, vibrait à l'unisson de la foule. Elle partageait toutes les idées de Sylvain, toutes ses aspirations ; en dehors de l'attrait physique réciproque, c'était cette identité de vues qui les avait rapprochés et qui formait encore la base solide de leur amour : le socialisme brûlait en eux comme une flamme commune ; mais alors que Sylvain, plus idéaliste, plus sentimental peut-être, se passionnait pour la cause des peuples, Yvette, pratique, défendant avec âpreté le petit noyau familial, songeait surtout aux avantages matériels qui restaient encore à conquérir, la réduction des heures de travail, l'extension des loisirs, l'augmentation des salaires, la participation aux bénéfices, et enfin, au terme, peut-être proche maintenant, de ce long processus d'égalitarisme, l'élimination définitive du patronat et la gestion des entreprises par les travailleurs eux-mêmes. Syndicaliste

compétente, elle militait avec une ardeur farouche, tandis qu'il rêvait à une société enfin réconci-
liée, où il n'y aurait ni pauvres ni riches. Ainsi,
l'idéaliste et la réaliste, tous deux se complétaient
harmonieusement.

Le secrétaire général du parti, après avoir
réclamé le silence, déclara le congrès ouvert. Puis,
il s'adressa aux cinq mille auditeurs, d'une voix
dont les haut-parleurs amplifiaient le volume aux
dimensions de l'édifice. Le brusque changement
d'atmosphère, le silence succédant au vacarme,
cette voix de tonnerre qui semblait tomber du ciel
impressionnèrent le petit garçon ; il eut peur,
cacha son visage contre la poitrine de son père et
se mit à pleurer. On s'efforça de le rassurer.

— Mais non, mon chéri, ce n'est pas le loup-
garou, c'est pépé Poperen, regarde, tu vois là-bas,
sur l'estrade, le monsieur debout, c'est lui qui
parle.

À travers ses larmes, l'enfant risqua un coup
d'œil vers celui qu'on lui désignait. La voix roulait
sur la foule comme celle de Moïse sur les Hébreux,
des hauteurs du Sinaï : « Oui, c'est le front des
classes qui a gagné, et c'est avec ceux-là que nous
ferons le changement. La lutte des classes ne
s'arrête pas parce que les candidats socialistes ont
conquis le pouvoir, elle se déroule seulement dans
des conditions plus favorables. » Sylvain et Yvette
échangèrent un regard brillant de joie : c'était ce
langage qu'ils étaient venus entendre. Quand les
applaudissements se furent éteints, l'orateur,

avant de reprendre son discours, fit une pause. Alors, dans le silence, on entendit soudain la petite voix frêle, mais aiguë, du garçonnet, qui s'écriait dans un sanglot :

— Je veux tonton Fidel !

Et il répéta cet appel déchirant plusieurs fois, tandis que les jeunes parents, à la fois confus et amusés de ce menu scandale, s'efforçaient de le faire taire. Il fallut que Sylvain allât lui acheter (le marchand n'était pas loin heureusement) une de ces friandises appelées « barbes à papa » pour le consoler de ne pas voir « tonton Fidel ». L'enfançon enfouit son joli visage dans la grosse boule blanche et floconneuse, qu'il se mit à grignoter avec un air de concentration.

Dès lors, les jeunes parents purent écouter les orateurs sans être distraits par le bébé. Dans l'atmosphère de serre chaude, les formules claquaient comme des drapeaux, suscitant chaque fois dans le public un enthousiasme croissant. « Guerre à outrance contre la bourgeoisie revancharde qui entrave la marche vers le socialisme » : ceci fut salué par des bravos frénétiques, des vivats, des applaudissements qui durèrent plusieurs minutes. Yvette et Sylvain échangèrent encore un regard de pur bonheur ; et leurs mains s'étreignirent avec fébrilité ; mais lorsqu'un nouvel orateur eut lancé : « Il ne faut pas dire que des têtes vont tomber, comme Robespierre à la Convention, mais dire lesquelles, et le dire rapidement », ce fut du délire. Une clameur sauvage, jaillie de cinq mille poitrines, emplit l'immense hall, une forêt de poings fermés se dressa soudain au-dessus de l'assistance galvanisée. Sylvain et Yvette, brisés d'émotion, ne retinrent plus leurs larmes : douces larmes heureuses, qu'avait suffi à leur arracher l'évocation de la guillotine, symbole à la fois redoutable et apaisant de la justice du peuple.

PROUST

A la recherche
du temps posthume

Roberte Swann me téléphone le soir du 10 mai. — Deux étoiles du socialisme français. — Un diplomate de la nouvelle école. — Je rencontre enfin la baronne Putbus, mais non point, hélas ! sa femme de chambre. — Rachel Quand du Seigneur et les Zardramas. — Bloch au service de la France.

Roberte Swann, qui avait soutenu la campagne de M. François Mitterrand, donna une grande fête dans son hôtel particulier de la rue Saint-Dominique en l'honneur des nouveaux élus socialistes. Le soir même du 10 mai, elle m'avait téléphoné, dans l'exaltation du triomphe : « Cher ami, je vous appelle pour vous associer à ma joie, communier avec vous dans la ferveur de cette palingénésie. Je me trouve en ce moment rue de Solferino, au siège du parti, avec tous les nôtres. Nous attendons François. Que diriez-vous de nous rejoindre ? François vous connaît, il vous a lu, il vous admire. Il m'a dit qu'un de ses premiers soins lorsqu'il accéderait à la présidence de la République serait de vous inviter à déjeuner à l'Élysée. Je crois que si vous aviez la moindre ambition, mais je vous en sais complètement dépourvu, vous pourriez obtenir n'importe quelle fonction officielle dans l'administration, du côté des Beaux-Arts. On n'hésiterait pas à vous nommer, par exemple, conservateur dans un grand musée de votre choix. Vous êtes loin d'y songer, mais le nouveau régime, lui, songe à vous et est disposé à vous honorer. Mon Dieu, quelle horreur, j'aperçois Bloch, alias Jacques du Rozier, qui s'amène ! Je savais que quelque chose allait troubler mon bonheur. Pourquoi faut-il que cet affreux bonhomme, à qui je ne pardonne pas de s'être compromis à Londres dans l'entourage de de Gaulle entre 42 et 44 et d'avoir été gaulliste à tous crins pendant trente ans, pourquoi faut-il qu'il se soit converti au socialisme et qu'il ait rejoint nos rangs il y a quelques années ? Figurez-vous qu'il a trouvé son chemin de Damas dans un salon marseillais à la simple vue de Gaston Defferre. Gaston entre dans le salon. Bloch tourne la tête vers lui, le voit, tombe à la renverse, les yeux révulsés, l'écume aux lèvres. On a cru à une crise d'épilepsie. C'était une transe mystique. On relève Bloch, on le ranime, il revient à lui ; et les premières paroles qu'il profère d'une voix chevrotante, c'est : « Je crois au socialisme. » N'est-ce pas étrange ? Car enfin, je veux bien que Gaston ait un physique impressionnant, un air d'autorité, je concéderai même qu'il n'est pas dénué d'un certain charisme, mais de là à provoquer des conversions foudroyantes par sa seule apparition !... Enfin, c'est ainsi. L'affreux Bloch est maintenant des nôtres, nous sommes bien obligés de l'accepter. Il noie Mme Defferre sous les compliments et les gerbes de roses rouges, la pauvre Edmonde en est excédée ! Il a le zèle des néophytes. Et soyez assuré qu'il s'arrangera pour décrocher quelque place dans le nouveau gouvernement. Comptez sur Bloch pour se pousser. Il est de ces juifs qui me feraient renier mon peuple et rendraient antisémite le grand rabbin lui-même. Mais ne parlons plus de lui, il me retourne les sangs. Alors, vous ne voulez pas venir rue de Solferino ? Non ? Vous êtes déjà au lit ? En plein travail, je présume ? Je vous laisse, cher grand ami. Mais quelle joie, n'est-ce pas, quelle émotion ? Les collines exultent comme les petits des brebis ! Hosanna, hosanna ! C'est une ère nouvelle qui commence ! »

Je ne partageais pas l'enthousiasme de Roberte et je ne pensais pas non plus que c'était une ère nouvelle qui commençait avec le socialisme de M. Mitterrand, car je me souvenais d'une autre victoire socialiste, remportée par un homme aussi remarquable que celui que Roberte désignait par son prénom de François, et qui, en outre, se trouvait être un de mes amis, Léon Blum, dont le génie et l'honnêteté furent impuissants à conjurer le désastre qui s'abattit sur notre pays très peu d'années après l'avènement du régime généreux et maladroit appelé Front populaire, auquel les ouvriers français doivent plusieurs étapes de leur affranchissement et la France sa plus cuisante défaite. Mon cœur recru d'une fatigue presque séculaire et navré de désillusions ne croyait plus aux lendemains qui chantent, même s'ils devaient chanter avec la voix des soldats de l'an II ; et le soir même du 10 mai, lorsque Françoise, qui avait passé la soirée à regarder la télévision en gémissant, à côté du maître d'hôtel sarcastique, vint m'annoncer, avec la figure endeuillée, les éplorements et les gestes fatidiques d'une messagère du malheur dans une tragédie grecque, que M. Mitterrand était élu, je vis aussitôt, en imagination, le déferlement de mille chars soviétiques sur les routes de Champagne en direction de Paris, tandis que la population française épouvantée fuyait vers la frontière espagnole au milieu de jeunes recrues hébétées qui ne savaient pas se servir d'un fusil et à qui leurs officiers instructeurs avaient enseigné, plutôt que l'exercice traditionnel, une saine et socialiste horreur de la guerre. L'Histoire, dit-on, ne se répète pas ; mais les erreurs des hommes, même lorsqu'elles ont été sanctionnées par la plus cruelle expérience, se reproduisent dans toute leur intégrité, comme les pattes de certains batraciens repoussent après ablation.

Si les Guermantes et tous les gens du monde accueillirent la victoire socialiste avec consternation, les Verdurin montrèrent une prudente ouverture d'esprit, comme des gens qui marchent avec leur siècle et ne craignent pas les bouleversements qu'il peut apporter (ils les craignaient d'autant moins qu'ils se tenaient prêts à filer, dès la première alerte, en Espagne et de là aux États-Unis, où ils avaient depuis longtemps investi une grosse part de leur fortune, que des hommes d'affaires s'étaient chargés de faire fructifier) et la moitié du pays manifesta une surprise tempérée, chez les uns, de curiosité, chez les autres, d'inquiétude, car ce qu'on avait souhaité en votant à gauche, c'était le départ de l'équipe gouvernementale, non point l'intronisation en gloire de l'équipe rivale. Certes, on aurait pu remontrer aux Français que voter contre Giscard, c'était prendre le risque d'élire Mitterrand, mais cette logique élémentaire, marquée au coin d'un cartésianisme obtus et rebutant, n'entre pas dans l'esprit vif et même volatil de notre peuple, à qui l'on a fait pendant des siècles la réputation calomnieuse d'être rationaliste, alors qu'il est, au contraire, comme son Histoire le montre surabondamment, possédé par un admirable génie d'incohérence, d'enfantillage et d'imprévisible fantaisie. Ce génie mercuriel est, bien entendu, totalement incompatible avec la rigueur austère d'un régime socialiste, qui ne pourra jamais s'acclimater en France, à moins qu'il n'y soit imposé par la terreur policière d'une puissance étrangère occupante. Le 11 mai, cinquante millions de Français se réveillèrent ébahis d'avoir porté au pouvoir un parti pour lequel la moitié des électeurs avaient voté sans vraiment souhaiter qu'il fût élu.

Je me rendis à la soirée de Roberte et fus présenté à M. Mitterrand, avec qui j'eus l'honneur et le plaisir de causer un moment. Dans ses propos paraissait cet amour du langage pour lui-même qui distingue les vrais fervents de la littérature. Nous ne parlâmes que des poètes que nous aimions tous deux, citant à tour de rôle des fragments entiers de leurs œuvres et nous soufflant l'un à l'autre les vers que nos mémoires défaillantes avaient provisoirement oubliés, si bien qu'après quelques minutes de ces échanges lyriques alternés, et avec l'aide d'une coupe de champagne, je me croyais, non plus dans un hôtel particulier de la rue Saint-Dominique, mais dans un bocage sicilien, face au berger d'une églogue, et que je fus sur le point de défier pour une joute poétique, en le tutoyant et en l'appelant Damoetas ou Tityre, le président de la République. Ainsi ce chef de parti, qui tenait en main les destinées du nouveau Front populaire, était-il, comme mon ami Léon Blum, un lettré, pour qui les œuvres des grands poètes et des grands écrivains constituaient les textes sacrés de l'humanité, et la pratique de l'écriture le plus haut exercice auquel on pût consacrer sa vie. Pourtant, tous deux, sacrifiant peut-être leur vocation véritable, avaient choisi le militantisme politique et le service du pays, par une de ces déviations mystérieuses où l'on tenterait en vain de démêler l'effet des circonstances, le goût du pouvoir, le désir de laisser sa marque dans l'Histoire et un élan révolutionnaire désintéressé. Il m'avait semblé déceler chez

Léon Blum une disposition atavique au prophétisme, la volonté de guider la tribu française vers les terres promises de l'égalité et de la justice sociale, comme un de ses lointains ancêtres avait peut-être guidé vers Chanaan une des tribus d'Israël. Un inspiré de Dieu habitait la longue silhouette élégante de l'esthète incrédule. M. Mitterrand ne faisait songer ni à un prophète biblique ni même à un de ces austères théoriciens de la Révolution, un de ces utopistes glacés, tel Robespierre, pour qui les systèmes sont plus importants que les hommes. Je le voyais plus proche d'un socialiste du siècle dernier, un Jaurès ou un Gambetta, animé par l'ardeur des convictions républicaines et par un humanitarisme intransigeant, quoique je fusse incapable de concevoir ce qu'est précisément l'humanitarisme, en quelles zones de la sensibilité il se déploie, quelles humeurs il active et quel rapport il entretient avec l'ensemble de la personnalité, notamment avec l'intellect. Je comprends fort bien l'amour qu'on éprouve pour des personnes particulières, ayant un nom et un visage ; je ne sais ce que peut être et à quoi peut ressembler un amour qui s'adresse à tout le monde, à une de ces entités abstraites qu'on désigne par des mots à majuscules, l'Homme, ou l'Humanité. M. Mitterrand aimait, semblait-il, l'Humanité ; c'est par là surtout qu'il me demeurait encore énigmatique, malgré son goût pour Baudelaire et sa prédilection pour des auteurs réputés de droite, comme Jacques Chardonne. Entre tous les êtres qui le composaient, et que je tentais de superposer pour en faire jaillir une image unique, selon le procédé du portrait-robot qui est aujourd'hui d'un usage courant dans la police, je ne parvenais pas à établir des liens satisfaisants ; et je ne savais pas qui je devais privilégier, du militant ou de l'écrivain, du tribun radical de la défunte IVe République ou de l'ancien élève des maristes, de l'adversaire résolu du général de Gaulle ou du président actuel dont on avait souligné l'allure et les façons gaulliennes, du socialiste convaincu ou de l'habile manœuvrier parlementaire, pour me rapprocher du vrai François Mitterrand, qui, peut-être, comme nous l'enseignent d'ailleurs les psychologies les plus récentes et les plus subversives relativement au « moi profond » et à la nature essentielle de l'homme, n'existait pas.

Rien d'énigmatique, en revanche, chez M. Michel Rocard, que je rencontrai aussi à la soirée de Roberte. L'amour de l'Humanité ne paraissait pas l'embraser, ce qui rassurait sur ses intentions. Il figurait le produit achevé d'une des nobles manufactures intellectuelles françaises, l'École centrale, l'École normale supérieure, l'École nationale d'administration, et l'on peut bien penser que je suis loin d'attacher la moindre nuance péjorative à ce terme de « produit » que j'emploie dans son sens le plus évident et le plus universel, car, d'une part, nous sommes tous les produits de ce qui nous a précédés, engendrés, nourris, élevés, de notre race, de notre religion, des maîtres qui nous ont enseignés, des livres dont nous nous sommes enchantés, et d'autre part, ces manufactures dont je parle sont destinées très précisément à produire les grands commis de l'État, les serviteurs savants de l'appareil administratif, les technocrates sans lesquels la machine tout entière se disloquerait en quelques heures. Ces hommes qui le plus souvent travaillent dans l'ombre, inconnus du public, sont les véritables maîtres des sociétés modernes qui ne fonctionnent que d'après les schémas qu'ils ont conçus et les opérations qu'ils renouvellent chaque jour. Ils sont dotés par leur savoir et leurs fonctions de pouvoirs immenses, qui font d'eux les égaux des chefs d'État, avec qui ils traitent de puissance à puissance, mais dans l'anonymat, comme ces religieux de jadis que les rois tiraient de leurs monastères pour faire d'eux leurs conseillers, et peut-être ces technocrates qui nous apparaissent enveloppés d'une obscurité redoutable sont-ils les moines de notre siècle athée, chargés de le soutenir par leur science comme les moines de jadis soutenaient leur siècle croyant par des prières ? Parfois l'un d'eux décide de quitter sa cellule de la haute administration pour s'aventurer dans l'arène politique. Alors nous sommes surpris de voir, au lieu de l'anachorète ascétique et silencieux, de l'éminence grise enrobée de bure, un homme en complet-veston, fringant comme un étudiant en vacances, qui baise la main des dames, parle avec esprit des choses frivoles qui font la matière ordinaire de la conversation de salon, et qu'on imagine jouant au polo ou manœuvrant un voilier de plaisance. Nous pensions rencontrer le Père Joseph, et c'est Michel Rocard qui paraît. Mais si, au lieu de l'étiquette socialiste, il se fût présenté sous celle du libéralisme avancé de M. Giscard, nous n'eussions pas été, en revanche, trop déconcertés, car, aux très hauts niveaux de technicité où il est appelé à opérer, la coloration politique perd beaucoup de son importance, les sociétés capitalistes ou marxistes actuelles exigeant les mêmes capacités à leurs postes les plus élevés ; et d'autre part, la distance entre les convictions du social-démocrate Rocard et le zèle réformateur du libéral Giscard est peut-être moins infranchissable qu'un vain peuple ne pense, ce qui pourrait être un jour la chance de l'un, comme ce fut, aux dernières élections, la perte de l'autre. Il est vrai que le parti socialiste veille jalousement sur l'orthodoxie de ses adeptes et traque avec la dernière rigueur, partout où il la décèle, la menace de l'hérésie, comme on ne le vit que trop lors du Congrès de Valence, où M. Rocard, changé en pénitent, dut s'incliner, en chemise et la corde au cou, devant le verdict d'un tribunal implacable constitué par ses camarades et ses pairs.

J'allai présenter mes respects à M. de Norpois, dont je savais qu'il n'avait accepté de venir à cette soirée très mondaine, quoique socialiste, que par affection pour la petite-nièce de Mme de Villeparisis et par fidélité de clan, Roberte Swann restant pour lui, malgré des égarements politiques qui faisaient frémir le faubourg Saint-Germain, une Guermantes, en qui il se plaisait à retrouver certains traits physiques, et même moraux, de son père Saint-Loup. Le vieux diplomate, non plus que moi-même, ne connaissait personne dans cette société nouvelle, à l'exception du nouveau ministre des Affaires étrangères (on disait maintenant : des Relations extérieures). Je lui demandai ce qu'il pensait de M. Claude Cheysson. La question était beaucoup trop brutale pour M. de Norpois, qui, des hauteurs où sa noble tête ravinée était encore portée par une stature que l'âge n'avait nullement fléchie, abaissa sur moi un regard marqué d'un effarement discret, comme si j'avais utilisé une excavatrice là où l'instrument approprié, consacré par un usage séculaire, aurait été la pince effilée et impondérable avec laquelle les bijoutiers agissent sur les menus mécanismes d'une montre. Il me répondit néanmoins que M. Cheysson, à sa connaissance, présentait toutes les qualifications requises pour occuper le poste éminent qui était le sien. « Autant que je sache, dit-il, et selon les aperçus que j'ai pu avoir de sa carrière, c'est un parfait honnête homme, rompu à l'exercice de notre métier, familier avec le monde labyrinthique des chancelleries, et fort propre, selon moi, à conduire la politique étrangère de notre pays, en une époque particulièrement troublée où surgissent à chaque instant les problèmes les plus épineux. On a remarqué, voire souligné, que le politicien est peut-être, chez lui, plus affirmé qu'il n'est habituel dans la Carrière, où une saine tradition veut que l'homme de parti s'efface au profit du serviteur loyal de l'État, qu'il se neutralise, en quelque sorte, dans sa fonction. M. Cheysson a pu, en telles circonstances précises, exprimer des opinions personnelles dont on ne sollicitait pas la confidence, laissé paraître des émotions, des réactions, où d'aucuns, sans doute trop sévères, se sont plu à voir des " foucades ", c'est le terme qu'on a employé, et qui ne sont évidemment pas permises dans l'exercice d'une charge dont les vertus suprêmes, vous ne l'ignorez pas, sont le secret, le silence, le refus du commentaire public. Mais avant de porter un jugement, il convient d'observer que le monde politique, comme le monde tout court, a changé d'une façon radicale depuis trente ou quarante ans ; la diplomatie est devenue aujourd'hui, on ne le sait hélas que trop, un métier dangereux, dans lequel on risque sa vie. On meurt dans les ambassades comme on mourrait au champ d'honneur ; on est pris comme otage par des terroristes comme on aurait pu l'être autrefois par des pirates barbaresques. Il n'y a donc rien d'étonnant à ce que la profession n'ait plus cet aspect rassurant, éminemment " respectable ", au sens anglais du mot, et un peu mystérieux, qu'elle avait de mon temps, et à ce que les diplomates de la nouvelle école, engagés dans les terribles conflits d'aujourd'hui et exposés plus que quiconque, vraiment en première ligne, se conduisent parfois comme des combattants, comme nos braves poilus français de 14-18, dont le franc-parler et la verve un peu rude faisaient notre admiration et notre joie. Quand M. Cheysson croit pouvoir déclarer publiquement que l'assassinat de tel chef d'État aura peut-être l'heureux effet de faciliter des négociations qui paraissaient jusqu'alors inextricables, on ne doit pas s'empresser de crier à la gaffe, comme n'ont pas manqué de le faire certains observateurs superficiels. Il faut seulement reconnaître que nous vivons à la fin du XXe siècle, non à ses débuts, non à la Belle Époque, que tout est devenu plus ouvert, plus franc, plus brutal aussi peut-être, et qu'une plus grande hardiesse est désormais de règle dans la nouvelle école de la diplomatie européenne, ou du moins dans l'école française de la diplomatie. Le moindre propos de M. Cheysson fait trembler les chancelleries, soit. Les téléscripteurs sont fébriles, des dépêches affolées circulent entre Bonn et le Foreign Office, Moscou exulte, de vieux diplomates comme moi s'épongent le front en sentant le sol se dérober sous leurs pieds, je le concède. Mais enfin, osons reconnaître aussi que ces émois, ces alarmes, ces sueurs froides entretiennent une animation inaccoutumée dans des chancelleries qui, maintenant que les affaires sont traitées au sommet par les chefs d'État eux-mêmes, menacent toujours, quand un ambassadeur n'est pas enlevé çà et là, de s'assoupir. M. Cheysson, je ne crains pas de le dire, a introduit dans la diplomatie européenne une dimension inconnue jusqu'à ce jour, et à laquelle les Américains appliqueraient peut-être un de leurs néologismes si descriptifs : une dimension de *happening*, qui est, à beaucoup d'égards, revigorante. Sa pétulance, ses opinions toujours si originales et si totalement imprévisibles, la verdeur ingénue qu'il apporte à les exprimer en public font de lui un type de diplomate dont on s'évertuerait en vain à rechercher un antécédent, même proche, au Quai d'Orsay, et que je m'enhardirai à définir comme un diplomate mutin. »

Roberte Swann s'avança vers nous, tenant par le bras un être simiesque et délicieux, sorte de guenon sans âge dont la figure semblait avoir subi le processus de réduction que certains Indiens d'Amazonie pratiquent sur la tête de leurs ennemis, et au milieu de laquelle deux petits yeux noirs extraordinairement mobiles dardaient autour d'eux des regards aussi perçants et aussi dénués de sentiments humains que ceux d'un ouistiti. Cette femme, car à un examen plus attentif la bizarre créature se révélait comme appartenant à notre espèce plutôt qu'à celle des anthropoïdes, était vêtue d'une robe en taffetas rose, dont la ligne élégante portait visiblement la griffe d'un grand couturier, et coiffée d'un minuscule chapeau assorti, piqué comme une rose sur une perruque d'un blond flamboyant. C'était la baronne Putbus. Je n'aurais pas frémi d'une surprise et d'une excitation plus grandes si Roberte avait nommé Néfertiti ou Sémiramis. La baronne Putbus appartenait, en effet, depuis près d'un siècle, à mon Olympe privé, ou devrais-je dire plutôt à mes enfers intimes, où elle figurait une divinité chthonienne, pourvoyeuse de voluptés dont on ne parlait qu'à demi-mots, à voix basse, entre initiés, mais je ne l'avais jamais rencontrée et j'aurais douté parfois de son existence si des témoignages ne m'en étaient parvenus de loin en loin par des voyageurs qui s'étaient aventurés jusqu'à ses repaires dans le tréfonds du plus secret Neuilly, et dont les plus audacieux se vantaient d'avoir entrevu sa femme de chambre entre deux portes, ou de l'avoir furtivement étreinte entre deux chemises. Car si la baronne Putbus avait acquis aux yeux des jeunes fous que nous étions alors la dimension impressionnante d'un mythe, c'était certes pour la consonance héraldique et corrompue de son nom, évoquant à la fois les fastes d'une dynastie teutonne et la sanie morale de vices innommés, mais c'était surtout pour sa femme de chambre, dont tout le monde parlait, que personne n'avait jamais vue, si bien que je m'étais demandé quelquefois si elle n'était pas la création imaginaire et collective de nos désirs insatisfaits. « La femme de chambre de la baronne Putbus ! » Cette phrase sibylline, aussi chargée de potentiel érotique qu'une torpille de puissance explosive, aura rythmé les rêves et les tourments de notre jeunesse, en suscitant, par la seule sonorité de ses syllabes putrescentes et blasonnées, la vision d'une beauté giorgionesque émergée des dentelles

crémeuses où s'est condensée à jamais la polisson-
nerie d'une époque. Ainsi, j'avais maintenant la
preuve que la baronne était bien réelle, et elle me
faisait la grâce supplémentaire d'être encore
vivante. J'appris plus tard, par Roberte, les méan-
dres de son étonnante carrière, qui avait commencé sous la IIIe République par la possession
d'une chaîne de maisons luxueuses, que fréquentait le gratin parlementaire. Mon intuition ne
m'avait donc pas trompé en associant la baronne
Putbus à la galanterie. Sous de Gaulle et Pompidou, elle renonça au proxénétisme mondain au
profit de la spéculation immobilière, qui lui permit de décupler une fortune déjà énorme. Sous
Giscard, elle vécut volontairement dans une obscurité respectable et dorée, d'où elle sortit soudain, le soir du 10 mai, élue député R.P.R. d'un
département d'outre-mer où elle possédait toute la
canne à sucre et dont elle avait acheté le corps
électoral, composé de mulâtres qui vénéraient en
elle l'incarnation supposée d'une déesse vaudoue.
Presque centenaire, la baronne Putbus siégeait à
l'Assemblée où elle était la doyenne de l'opposition. J'appris aussi que dans l'enceinte du Palais-
Bourbon, elle ne prenait jamais la parole, se
contentant de la couper aux orateurs de la majorité par un moyen puéril et efficace : elle aboyait.
Ces aboiements toujours bien placés, c'est-à-dire
aux endroits du discours où éclatait avec le plus de
candeur ou de cynisme la fausseté fondamentale
de celui qui parlait, déclenchaient des rires même

dans les rangs socialistes. Je faillis demander au député des Antilles s'il me serait possible de rencontrer sa femme de chambre, tant j'étais embrasé d'un brusque retour de flamme au seul rappel d'une obsession si lointaine, lorsque je réfléchis que l'incendiaire soubrette, si elle vivait encore, devait avoir entre soixante-dix et quatre-vingts ans, ce qui refroidit mon imagination et tempéra mes ardeurs.

Quelque peu oppressé par la foule compacte qui m'entraînait dans ses remous, je sentis que j'allais défaillir ou être saisi par une crise d'asthme, quand la vue de mon amie Mlle Sapritch ranima mes forces et fouetta mon courage. Sa tête enturbannée, prolongée par l'appendice miroitant d'un long fume-cigarettes, dépassait la houle de l'assistance comme la coupole et le périscope d'un sous-marin garde-côte, auquel on pouvait se rallier en cas de naufrage, ce que je fis sans plus attendre. Je me raccrochai au bras de la vigoureuse vedette qui, fendant les flots humains de l'étrave irrésistible de sa poitrine, me conduisit au buffet, où une limonade acheva de me rétablir. Mlle Sapritch est depuis vingt ans ou davantage la familière de l'Élysée, faveur permanente qui s'est maintenue de De Gaulle à Mitterrand et qu'elle explique ainsi : « Aimée de l'intelligentsia aussi bien que des concierges, je ne puis qu'adhérer à la majorité, quelle qu'elle soit. Comment pourrais-je, avec ma popularité, me ranger parmi les minoritaires ? » Sa silhouette d'impératrice byzantine ne déparait pas les fastes officiels de la Vᵉ République. « Roberte s'est à demi ruinée, me dit-elle, mais on ne saurait payer trop cher l'honneur de recevoir chez soi le président de tous les Français, comme il se désigne lui-même, un peu prématurément peut-être. Moi qui ai connu tour à tour de Gaulle, Pompidou et Giscard, je suis un peu trop blasée pour éprouver une satisfaction d'amour-propre à me trouver ici, mais il est toujours amusant d'observer les grimaces des autres, de ceux pour qui c'est vraiment important d'avoir été convié à ce raout socialiste. J'ai déjà vu des cabots sans nom et sans carrière tourner autour de Jack Lang dans l'espoir de lui être présenté. Oui, le ministre de la Culture est ce brun bouclé, assez beau garçon, qui pourrait être matador ou danseur de flamenco. Il est en train de causer avec une ruine en manteau de panthère élimé, que vous connaissez sans doute pour l'avoir entendue déclamer des poèmes, autrefois, chez les femmes du monde. C'est Rachel. La panthère était une pauvre bête domestiquée et asthmatique qui a dû être tuée par Tartarin de Tarascon en 1890 dans un jardin de la banlieue d'Alger, mais la vieille carne qui porte sa peau est, en revanche, coriace. Aujourd'hui, on ne meurt plus, comme me disait François Mauriac en parlant avec humeur de ses contemporains qui avaient à peu près le même âge que lui. Les cabotines comme Rachel sont particulièrement increvables ; mais elle, c'est certain, nous enterrera tous. »

Je regardai avec stupéfaction et avidité la personne décrite par Mlle Sapritch. C'était bien
Rachel Quand du Seigneur que je revoyais après
tant d'années et que j'aurais pu reconnaître même
si l'interprète de Samuel Beckett ne l'avait pas
nommée, car le vieillissement n'avait pas altéré
ses traits ni déformé sa silhouette, il avait seulement modifié sa substance qui, de sèche et presque
friable qu'elle était à l'origine, avait pris la mollesse pâteuse d'une galette avant la cuisson, avec
des étendues de bajoues et des débordements de
fanons plâtrés d'une poudre de riz pareille au
sucre fin dont on enrobe les gâteaux appelés
jésuites. Cette Rachel installée dans une sénilité
comestible avait plus de distinction que la capri-
cieuse maîtresse de Saint-Loup, encore trop
proche de ses débuts dans la maison de passe dont
la patronne me pressait toujours de prendre « la
petite juive » que j'avais surnommée, d'après les
premières paroles d'un grand air dans l'opéra de
Halévy, « Rachel Quand du Seigneur ». « Depuis
qu'elle a quitté le Français sous le septennat de
Gaston Doumergue, reprit Mlle Sapritch, elle n'a
plus vécu que pour les Zardramas. » Surpris par la
consonance exotique de ce terme dont je ne
connaissais pas le sens et dont je pensais qu'il ne
pouvait être qu'un nom propre, je sollicitai des
lumières plus amples : devais-je comprendre que
Mlle Rachel s'était vouée corps et âme à une
tribu d'Afrique équatoriale lentement décimée
par la maladie du sommeil ou les séquelles du

167

colonialisme, ou peut-être à une secte tantrique essaimée du lointain Himalaya sur les berges de la Seine, à moins que ce ne fût à une famille d'acrobates sud-américains qui feraient un numéro dans un grand cirque ? Qu'étaient exactement les Zardramas ? Mlle Sapritch voulut bien m'éclairer. « Les Zardramas, me dit-elle, c'est un diminutif de l'expression " les arts dramatiques ", qui, pour des cabots qui n'ont jamais joué ou ne joueront jamais dans un théâtre normal, ou du moins, rentable, désignent noblement les innombrables spectacles, ou prétendus spectacles, qui sont montés tous les soirs dans d'innombrables locaux, à Paris ou en banlieue — locaux que leur nature destine à n'importe quelle activité à l'exception du théâtre : garages en faillite, bistrots sans clientèle, bordels désaffectés, petites salles de patronage en ruine, abattoirs, et cætera. Ces spectacles, semi-professionnels ou carrément amateurs, bénéficient souvent d'une aide de l'État, par le ministère de la Culture, justement, et presque toujours du soutien moral de critiques dramatiques pour qui ce qui est mal ficelé, mal joué, sans mise en scène, sans texte, sans décors, est automatiquement et à priori plus digne d'attention que les vraies pièces, jouées par de vrais acteurs, avec toutes les garanties professionnelles, dans des salles d'accès facile et de confort moyen, où l'on ne risque pas d'attraper une fluxion de poitrine, des rhumatismes ou la gale. À force de s'entendre dire qu'ils incarnaient le vrai théâtre et que les brouillons de pièces ou les scénarios inarticulés qu'ils jouaient dans des trous à rats qu'il faut aller chercher le soir au fond de banlieues sauvages et qu'on finit par découvrir, après une heure de recherche à la lueur de torches électriques, derrière une usine de ciment, entre un gazomètre et un champ d'épandage, étaient marqués au sceau du génie, les cabots des Zardramas ont fini par en être persuadés, et que ce serait déchoir, pour eux, que de jouer Racine, Giraudoux ou Anouilh sur les Boulevards ou à l'Odéon. Je le sais, je connais la question de très près, j'ai pratiqué moi-même les Zardramas pendant dix ans ; seulement, moi, c'était parce qu'on ne me proposait pas les Boulevards, je savais que j'étais en pleine période de vaches maigres et je n'avais aucune illusion. Les Zardramas ont commencé à fleurir sous Malraux, qui pensait que la culture devait être la religion d'aujourd'hui, et qu'une soirée dans un café-théâtre serait l'équivalent de la messe. Ils ont proliféré depuis ; et avec un ministre de la Culture socialiste, ce sera l'apothéose. Les subventions vont pleuvoir. C'est pourquoi Rachel, qui est une cabotine mais qui ne crache pas sur le cacheton, ne manque pas une occasion de se rappeler au bon souvenir de Jack Lang. Sa dernière " prestation ", comme disent les présentateurs de la télé, a été le rôle de Phèdre, non pas dans la tragédie de Racine, naturellement, mais dans une pièce traduite du moldo-valaque, sans que le texte original en soit trahi, du reste, car ce texte consiste exclusivement en onomatopées.

Dans la dernière scène, Phèdre, assise par terre dans sa salle de bains, étreint le bidet, qu'elle déracine presque, en poussant des râles d'égorgée. Je l'ai vu, j'étais conviée à la première. Inutile de préciser que, s'il y a eu une première il n'y a pas eu de seconde ; mais les critiques avancés ont aimé. » Je me souvins tout à coup d'avoir lu dans la presse une déclaration de M. Jack Lang, qui m'avait fait soupçonner le ministre de la Culture d'intentions assassines touchant le langage, à cause de l'usage pervers qu'il faisait de certains mots dont il semblait méconnaître volontairement le sens. En effet, la déclaration, lapidaire et inquiétante, était celle-ci : « Je veux que le ministère de la Culture contamine l'État et l'ensemble du pays. » Cette culture chargée de « contaminer » une nation m'avait déconcerté. Là où l'on se serait attendu à un verbe tel que « nourrir », « vivifier », « restaurer », voire « transfigurer », suggérant santé et régénération, on parlait de contamination, c'est-à-dire de maladie et de déclin. Je compris alors, dans une angoissante fulguration mentale dont je reste encore ébranlé, que les Zardramas, tels que les avait décrits, avec sans doute la plus scrupuleuse véracité, Mlle Sapritch, allaient devenir, entre les mains du ministre de la Culture, l'équivalent d'une peste intellectuelle, dont la perfide Rachel Quand du Seigneur serait chargée, avec d'autres agents de dissémination, de répandre partout les bacilles.

Je n'eus pas le temps de m'attarder sur ces

perspectives alarmantes : mon vieux camarade Bloch s'avançait vers moi et me donnait une accolade solennelle, comme si nous nous fussions rencontrés, non dans un salon parisien, mais dans les catacombes, à l'aube d'une ère nouvelle qu'auraient annoncée, au cours du mois écoulé, des signes dans le ciel, trois raz de marée, cinq tremblements de terre et quelques hernies dans les entrailles de poulets. Son apparence s'était encore modifiée depuis l'époque où, ayant adopté le nom de Jacques du Rozier, il avait pris simultanément le genre anglais, caractérisé par des joues glabres, l'impassibilité des traits, la coiffure plate à raie médiane où la brillantine gommait la moindre boucle suspecte, et enfin par la coupe des vêtements. Ce qui émergeait aujourd'hui, perçant les strates successives de personnalités tour à tour assumées au gré de l'opportunisme et des modes, c'était le Bloch originel de Balbec, à qui Swann trouvait une ressemblance avec le portrait de Mahomet V par Bellini, le type paléosémitique accusé, au nez aventureux et tuméfié dont les ailes palpitantes semblaient humer voluptueusement le parfum du succès. J'avais vu la pilosité, chez Bloch, croître et régresser selon les circonstances avec une rapidité merveilleuse ; j'avais vu, en mai 68, son visage presque escamoté derrière le buisson ardent et roux d'une barbe toute frémissante de tropismes marxistes ; j'avais vu, orgueilleuse et isolée au milieu d'une face dénudée comme un roc, sa moustache changer de dimension et de volume comme ces avions modernes dont on dit qu'ils sont « à géométrie variable » ; j'avais vu sa chevelure boucler ou ondoyer, se crêpeler ou s'aplatir selon l'intensité de son sentiment d'appartenance à la race élue et les fluctuations de son sionisme. Ce soir-là, chez Roberte, le vent de l'Histoire soulevait en désordre, autour de la tête de mon camarade, de longues mèches grisonnantes qui lui donnaient l'allure sacerdotale et un peu hagarde d'un prophète. Il me parla de ses activités politiques sur un ton d'affectueuse connivence, comme s'il allait de soi que je fusse acquis au socialisme, postulat qui était aussi celui de Roberte et des quelques socialistes que je connaissais, et qui reposait sur les prémisses suivantes : « Marcel est un homme honnête et intelligent, donc il ne peut qu'être de gauche », impliquant le postulat symétrique selon lequel les gens de droite ne pouvaient être que des scélérats ou des crétins. Débordant du zèle des néophytes, Bloch me parlait des divers membres du gouvernement avec dévotion, comme un croyant des saints auxquels il adresse chaque jour ses prières. Avec sa robustesse paysanne, M. Mauroy faisait figure de saint Pierre, auquel « François » aurait confié l'édification de son Église, tandis que, mystique et apocalyptique, tout proche du Maître, M. Régis Debray était le saint Jean du régime. Bloch n'avait que tendresse pour M. Laurent Fabius, qui occupait dans son ciel socialiste à peu près la place de sainte Thérèse de l'Enfant-Jésus dans celui des chrétiens, et dont je compris qu'il allait faire pleuvoir sur la France, à l'instar de la petite carmélite, une pluie de roses, et non point, comme le craignait sottement un public égaré, une averse de taxes. Je lui demandai quelle était sa fonction dans le nouveau gouvernement. Il me répondit avec une profusion telle qu'à la fin de son discours j'aurais été bien en peine de dire s'il était ministre d'État, chef du protocole, conseiller privé du président, affecté au service de la propagande, ou agent de liaison entre l'Élysée et l'Assemblée nationale, tant la luxuriante variété de ses attributions lui conférait l'ubiquité tentaculaire des lianes ou la prolifération sporadique de ces mousses espagnoles qui festonnent les forêts aquatiques de la Louisiane. J'en conclus simplement qu'il était partout et se mêlait de tout. Un homme vint lui parler. À ma surprise, je vis Bloch se redresser de toute sa taille et répondre à son interlocuteur, d'une voix nasonnante qui donnait l'impression de s'adresser aussi à la galerie : « La France, Monsieur, ne saurait envisager une seconde de participer à la réunion dont vous parlez. » Un peu plus tard, après avoir écouté patiemment celui qui semblait lui présenter une supplique, Bloch se redressa de nouveau et déclara sur le même ton péremptoire, trompettant et chauvin : « La France est en mesure d'exiger que les engagements que l'on a pris envers elle soient tenus ; et croyez-en ma parole, Monsieur, elle ne transigera pas sur ce point. » Je fus impressionné favorablement par ces phrases où s'affirmait un nationalisme ombrageux, surtout après mes alarmes relatives aux projets de « contamination » que nourrissait, à l'endroit de l'État et du pays tout entier, M. Jack Lang. En effet, j'avais craint, comme une large fraction de Français (et ce que je lisais dans les journaux me prouvait presque chaque jour le bien-fondé de ces craintes), que le régime présentement au pouvoir, suivant en cela la vocation qui lui a été tracée par les fondateurs mêmes du socialisme, ne sacrifiât délibérément les intérêts de la nation à ceux du parti, le patriotisme à l'égalitarisme, le prestige de la France à la lutte des classes. Aussi fus-je soulagé d'entendre Bloch proférer des paroles que n'eût pas désavouées le général de Gaulle, ni même un nationaliste de la vieille garde comme M. Le Pen. Restait à savoir s'il n'était pas le seul, dans toute l'équipe de la majorité, à éprouver ces sentiments et à tenir ces propos. Je l'en félicitai chaudement et lui dis que le fardeau des responsabilités que suggérait un aussi ardent souci de l'intégrité nationale devait peser lourdement sur ses épaules. Il convint qu'il en était ainsi en effet ; et, pour résumer par une image frappante les exigences du service qu'il consentait au régime et au pays depuis le 10 mai, il me lança, l'air accablé, une formule qui était la sœur jumelle de l'impérissable « la Chine m'inquiète » par quoi la princesse de Guermantes avait, un soir, accueilli ses invités, et que je m'empressai d'inclure elle aussi dans mon anthologie de citations : « La France m'épuise. »

MAURIAC

Bloc-Notes

Lundi 11 mai. C'en est fait, la France s'est réveillée socialiste, sous la houlette de François Mitterrand. Hier au soir, à la Bastille, des moutons enragés ont bêlé « Giscard, on t'a eu ! » pour narguer un loup qui n'avait jamais mordu personne, et qui était blessé, et qui léchait sa blessure, dans sa tanière de la rue Saint-Honoré. C'est à ce troupeau hargneux que Michel Rocard s'est adressé pour lui annoncer la bonne nouvelle, à savoir qu'on allait enfin retrouver, grâce à la victoire de son parti, une « France généreuse ».

Non, ce n'était pas la liesse bon enfant du Front populaire de 1936, qui toucha tous les gens de cœur, même parmi les nantis. Nous avons été témoins d'un ressentiment d'assez basse espèce, malgré les efforts de modération, à la télé, des ténors du nouveau régime. François Mitterrand, Michel Rocard, Lionel Jospin lui-même ont su se garder de la moindre âcreté. Le mot d'ordre avait dû être : « Ayons le triomphe décent. » Mais comme le sectaire perçait déjà dans les propos et surtout l'expression d'un Poperen ! Tout le monde n'est pas capable de maîtriser ses traits. Une jubilation sinistre éclatait dans les regards de certains.

Le socialisme que vous nous promettez rétablira, dites-vous, la justice sociale en France. Nous en acceptons l'augure. Vous avez été portés au pouvoir par le suffrage populaire, en toute légalité constitutionnelle. Notre devoir, à nous tous, citoyens français, quelle que soit notre appartenance politique, quelles que soient nos opinions, notre foi, notre espérance, est de faire confiance au gouvernement que nous avons élu. Il faut un frein à tout pouvoir : c'est le rôle de l'opposition parlementaire, indispensable au bon fonctionnement d'une démocratie. Notre opposition actuelle a beau être impuissante face à la majorité absolue de la gauche, son devoir, à elle, sera de présenter des motions de censure qui seront, chaque fois, repoussées. Nous, simples citoyens, nous n'avons pas, pour le moment, à vous censurer. Nous vous laisserons le temps de réaliser votre programme, même si certains points de ce programme nous hérissent. Nous jouerons loyalement le jeu de la démocratie. Mais prenez garde. Si, dans votre zèle progressiste, vous vous avisiez de mettre en péril nos libertés fondamentales, vous trouveriez à qui parler. Nous sommes encore nombreux, qui, depuis trente ans ou davantage, n'avons jamais hésité à nous dresser contre ce qui menaçait à la fois nos libertés et une certaine image que nous nous faisons de la France. Alors, ce ne serait pas seulement une opposition parlementaire potiche que vous trouveriez devant vous, mais les meilleurs d'un pays qui n'acceptera jamais d'être muselé.

12 mai. J'ai peut-être eu tort, hier, de céder à un mouvement d'humeur en donnant un avertissement solennel aux maîtres du nouveau régime. D'abord ils n'en ont que faire et il est probable que, dans la joie du triomphe, ils s'en moquent bien ! Ensuite, il est trop tôt, comme me le fait remarquer mon fils Claude, pour les avertir : ils n'ont encore rien fait qui soit de nature à nous alarmer. Certes, je ne cacherai pas que la présence, à côté des nouveaux élus, d'un homme comme Régis Debray, dont on murmure qu'il sera conseiller du président, ne laisse pas de m'inquiéter un peu. Non que je n'aie de la sympathie pour quelqu'un qui a souffert cruellement dans les geôles de la dictature. Cette sympathie, je l'avais manifestée en son temps, à la télévision et ailleurs, comme Régis Debray voudra peut-être s'en souvenir. Seulement, quand on sait qu'il est dévoué à Fidel Castro et que quarante mille Cubains, en Angola, et dix-huit mille en Éthiopie œuvrent pour le compte des Soviets, on a le droit de se demander quels conseils il pourra bien donner à un président qui se déclare partisan de l'atlantisme et plutôt hostile à l'U.R.S.S. Le général de Gaulle, en 1946,

n'avait pas hésité à prendre des communistes dans son gouvernement. Je doute beaucoup qu'il eût pris Régis Debray, et surtout comme conseiller. Mais enfin, au-dessus des conseillers et des ministres, il y a le président lui-même, et qui dispose de pouvoirs encore plus étendus que ceux de De Gaulle —, qui dispose, en fait, du pouvoir absolu. Je ne sais s'il en usera comme un despote, mais on sait d'ores et déjà que ce despote est éclairé, qu'il est proche de nous par le milieu d'où il est issu, l'éducation qu'il a reçue, le combat qu'il a mené dans la Résistance, l'amour qu'il porte à la poésie et à la littérature, par une allure, un air (j'ai failli écrire « une bouille », qui n'aurait eu rien de péjoratif sous ma plume, au contraire, mais je ne veux pas me montrer familier avec le président de la République) qui sont, indubitablement, « de chez nous », et qui rassurent. Oserai-je le dire ? François Mitterrand, tout marxiste convaincu qu'il est, semble appartenir à une famille bien française de socialistes, pour qui la France compte autant, sinon plus, que le socialisme. Je pense que son sucès a tenu, en partie, à cette qualité, qui pourrait ouvrir la voie, si l'avenir confirme notre intuition, à un très large consensus populaire.

28 mai. Matin brumeux et frissonnant de l'Ile-de-France, si différent de celui qui se levait à Malagar sur la fête de l'Ascension : bleu tendre et déjà chaud sur la campagne déjà crissante de cigales. À la messe de l'aube, quelques vieilles

180

femmes, deux enfants, un académicien chenu, pauvre petit troupeau sans forces sur qui tombe la parole d'espérance : « Partout où vous serez réunis en mon nom... » Je songe à la France nouvelle, dont les maîtres sont, par conviction personnelle ou par discipline de parti, étrangers à cette espérance. Tenteront-ils d'appliquer leur programme de laïcisation intégrale ? Je songe à l'Église de France, dont les plus jeunes éléments, gagnés à la foi marxiste, tendent à rejeter toute transcendance, toute vision eschatologique, au profit de ces lendemains qui chanteront peut-être, mais dont l'avènement est toujours ajourné. Je prie pour l'une et pour l'autre. Au retour, promenade dans le jardin frileux et adorable, où la rosée suspend un diamant à chaque brin d'herbe. Je tends l'oreille, mais nul cri d'oiseau ne vient enchanter ce matin de l'Ascension. Ils ont fui ou ont péri, dispersés ou tués par les insecticides, le bang des avions supersoniques, la pollution... Tristesse d'un monde écrasé de technologie, d'où le rossignol et l'alouette seront à jamais absents.

16 mai. L'attentat contre le pape Jean Paul II a frappé le monde libre comme la péripétie la plus sinistre d'une tragédie à l'échelle de la planète. J'emploie « péripétie » au sens qu'a ce mot dans la dramaturgie classique : changement subit de l'intrigue, qui rapproche la pièce de son dénouement. Et la tragédie, de toute évidence, est celle de l'Europe occidentale vouée à tomber sous la botte

du totalitarisme communiste. Car personne ne s'y trompe : on sait d'où viennent les ordres qui ont conduit le petit robot turc place Saint-Pierre, ce mercredi 13 mai, on sait qui a armé sa main, et dans quel camp d'entraînement il a été dressé à tuer. Le terrorisme ne sévit qu'à l'Ouest et ne s'attaque qu'à ceux qui incarnent la résistance au communisme. L'émotion chez les chrétiens est immense, parce que Jean Paul II est une figure charismatique et parce que chacun décèle obscurément que c'est l'apôtre du Christ qui a été visé dans sa personne. L'image de ce pape, debout dans la voiture découverte, et qui s'effondre, une tache rouge sur la blancheur éclatante de la soutane, marquera cette année 1981 d'un signe apocalyptique. Cette fois, l'ennemi a frappé ce qu'il hait le plus farouchement : l'espérance chrétienne, la seule force qui, dans un monde où la résistance au Mal a cessé, demeure irréductible.

12 juin. Cela n'a pas tardé. A peine le nouveau gouvernement est-il formé, une épuration cynique balaie les directeurs des chaînes de télévision, de la radio, de l'administration préfectorale, de la magistrature, et les remplace par d'autres, dont on est sûr. Je dis « épuration », parce que je ne vois pas quel autre mot appliquer à ces limogeages, qui ne visent que les hommes de l'équipe précédente, eussent-ils donné mille preuves de leur compétence et de leur conscience professionnelle. Et je dis « cynique », parce que cette opération, cette

épuration, contredit d'une façon flagrante les pro-
messes du soir des élections, touchant la tolérance,
le rassemblement de tous les citoyens dans une
« France généreuse », ô Michel Rocard, et le refus
de toute épuration, justement. Voilà qui ressemble
fort aux mensonges tranquilles qui sont une des
tactiques les plus bénignes de la stratégie communiste. Et quand le premier ministre déclare froidement que « l'on n'oblige personne à rester », on se
demande ce qui l'emporte, du cynisme ou de
l'hypocrisie.

On me dit que François Mitterrand n'approuve
pas ces mesures et recommande la modération à
ceux dont elles émanent. Je le crois volontiers,
mais malheureusement le mal est fait, l'opinion a
pu juger, et augurer de ce qui attend le pays si l'on
continue à gouverner selon ce style.

20 juillet. *Le Figaro* rapporte certaines phrases
qui ont été prononcées au cours des dernières
semaines par des ministres socialistes. Quand
elles ne font pas rire, elles font frissonner ; et pour
moi qui ne suis guère enclin, ces jours-ci, à la
gaieté, ni même à l'ironie, j'avoue que c'est le
frisson qui l'emporte sur le rire. Lorsque M. Poperen déclare : « Il faut créer les conditions d'un
passage irréversible au socialisme » ; lorsque M.
Louis Mermaz assure : « Ce sera d'abord un pays
des libertés, étant entendu que la liberté suppose
la recherche acharnée de l'égalité des conditions » ; lorsque enfin M. Lionel Jospin, le secré-

taire général du parti, précise que « ce que les socialistes sont en train de faire, il ne sera pas possible de le remettre en cause », comment ne pas sentir que nous glissons vers un autoritarisme ? Je passe sur tel député de la majorité jetant aux rangs de l'opposition : « Vous avez juridiquement tort parce que vous êtes politiquement minoritaires », ou sur tel autre, dont j'essaie d'imaginer la tête, qui crache : « Le droit bourgeois, je m'assieds dessus », presque aussi réussi, dans son genre, que le célèbre « Quand j'entends parler de culture, je sors mon revolver ». Et que dire de l'insolence venimeuse à l'égard de cette opposition pourtant impuissante, de la haine qui éclate dans les discours, des insultes aux « patrons », de toute la sanie verbale qui tient lieu d'éloquence parlementaire à certains nouveaux élus ? François Mitterrand, vous, l'humaniste, vous, l'homme d'une véritable culture, vous, l'amoureux de la nature et de la poésie, que pouvez-vous penser de ce qui se dit et de ce qui s'éructe, à l'Assemblée nationale, au nom du socialisme ? Au milieu des craintes qui nous assaillent, c'est à vous que nous en appelons, parce que nous voulons croire qu'un homme tel que vous ne peut souscrire à la bassesse, et que nous sommes convaincus que vous réagirez vigoureusement, fort de l'autorité quasi royale que vous confère cette constitution que vous avez si longtemps et si âprement combattue.

Un lecteur attentif du *Bloc-Notes* m'écrit de Carpentras pour me rappeler qu'à la date du

27 août 1969, j'écrivais ceci : « Il est interdit à la nouvelle gauche [celle de MM. Mitterrand et Defferre] de se couper de la part la plus importante et la mieux organisée de la classe ouvrière, mais il lui est non moins interdit de s'allier avec elle sans faire fuir les électeurs de tous les partis qui préfèrent tout et n'importe quoi à l'état de démocratie populaire. C'est une alternative entre deux échecs inévitables et qui ne leur laisse aucune chance de prendre un jour le pouvoir. La révolution, si elle doit venir, nous surprendra par d'autres voies. »

Eh bien, cher lecteur de Carpentras, je me trompais. Vous savez, cela peut arriver même à un vieil académicien prix Nobel... L'alliance avec les communistes a été réalisée, à travers combien de remous ! mais enfin, elle l'a été, et elle n'a pas fait fuir les électeurs ; et les socialistes ont pris le pouvoir. Reste que l'exercice de ce pouvoir ne sera pas de tout repos, même pour un homme comme François Mitterrand, dont la réputation d'habileté n'est plus à faire. Le président a pris quatre ministres communistes dans son gouvernement, mais persiste à se déclarer partisan de l'atlantisme. Il y a là, qu'on le veuille ou non, une contradiction interne du régime, qui risque, à la longue, de le miner en profondeur.

15 août. Autrefois, notre fête des mères, à nous, c'était l'Assomption : la fête de la mère de Dieu, qui symbolisait toutes les mères. Elle a été quasiment

balayée de la liturgie, avec les Rogations et quelques autres. La Mère de Dieu gêne beaucoup la partie la plus éclairée du jeune clergé français. Mais il est plus facile de se débarrasser d'Elle que de Dieu, qui résiste même aux habiles dialecticiens des théologies nouvelles. Nos vicaires postconciliaires sont si délurés qu'ils viendront à bout de Marie et de la dévotion mariale. Pour l'instant, ils se contentent de faire le silence sur elle. Ce 15 août s'est déroulé tristement, sans procession, sans fleurs ni couronnes. Je me souviens des Enfants de Marie voilées de blanc, gracieux cortèges qui, à travers les millénaires, rejoignaient les Panathénées de cette Athènes où l'on honorait aussi une vierge ; et les jeunes filles de la Cité allaient en procession fleurir ses autels. Le christianisme les a intégrées, comme il a intégré tout naturellement d'autres rites païens, à la façon de ces églises, en Italie et en Sicile, qui se sont nichées dans l'enceinte des temples désertés.

Je songe aux jeunes filles et aux adolescents d'aujourd'hui, et à notre Cité à nous, qui ne ressemble guère à l'Athènes de l'Antiquité, et qui prétend les former, les dresser, les élever à sa façon à elle, loin des temples et des sanctuaires. La question irritante des écoles libres est revenue plusieurs fois sur le tapis depuis le 10 mai. Les nouveaux maîtres veulent une seule école, la même pour tous, où ce seraient exclusivement les instituteurs et les professeurs de leur bord qui enseigneraient la jeunesse. Ils parlent de supprimer les subventions aux écoles libres, ce qui, bien entendu, et ils ne l'ignorent pas, sera la mort des écoles libres. Mainmise sur l'enfant, sur des générations d'enfants, cela fait partie de leur programme. La liberté de l'enseignement ne figure pas au credo socialiste.

En face de la volonté du gouvernement, que pourra l'Église de France ? Elle a renoncé à toute résistance du jour où tant de jeunes prêtres gagnés par le marxisme ont reporté sur la terre, sur la vie terrestre, l'espérance chrétienne en une vie qui ne finit pas. J'y songeais avec tristesse, ce matin du 15 août, dans la petite nef vide au milieu des prés, qu'aurait aimée Proust, une nef qui appartient elle aussi au monde poétique de Saint-André-des-Champs, où Marcel avait condensé, comme dans un alambic, l'essence la plus ancienne et la plus exquise de notre vieux pays.

Un lecteur de Romorantin m'écrit : « Tous les parents chrétiens sont inquiets. Qui prendra la défense des écoles libres ? Vous seul, en France, avez assez d'autorité pour protester contre le projet socialiste de laïcisation totale. Votre voix qui s'est élevée si souvent pour la cause de la liberté... » Et il continue ainsi. Cher lecteur de Romorantin, je ferai tout ce que je pourrai pour préserver ce qu'il subsiste de l'enseignement libre en France, mais croyez-moi, mon pouvoir est bien faible, et ma voix blessée est aujourd'hui moins apte à l'invective qu'à la prière.

Les socialistes ont beau parler de tolérance et,

lorsque la conjoncture politique l'exige, d'« entente avec nos frères chrétiens », ils savent parfaitement que leur emprise sur les esprits ne pourra être effective que lorsque l'enseignement chrétien ne sera plus. Il leur faut donc commencer dès l'école. Entre le coup de feu sur Jean Paul II et la lutte sournoise ou déclarée de la gauche contre l'école chrétienne, il n'y a pas discontinuité : c'est le même ennemi qui frappe, par les armes ou par les décrets.

Mais même si vous réussissiez à extirper du sol français tout enseignement religieux, l'espérance chrétienne n'en refleurirait pas moins dans les cœurs, silencieusement, comme elle a refleuri dans le cœur d'André Siniavski et de tant d'autres Russes, malgré un demi-siècle de déchristianisation et d'athéisme officiel. Le petit père Combes radical d'il y a quatre-vingts ans et les petits pères Combes marxistes d'aujourd'hui ne peuvent rien contre elle, même s'ils sont secondés dans leurs efforts par la folie suicidaire de l'Église nouvelle. Et déjà, nous voyons grimacer de haine impuissante la face de ces Caliban dérisoires.

10 octobre. L'assassinat du Raïs, c'est, après les attentats contre Reagan et contre Jean Paul II, un nouveau tour d'écrou dans l'étau qui se referme lentement sur le monde libre. Lentement ? Non. En cette sinistre année 1981, tout semble s'accélérer, comme si les tueurs stipendiés avaient hâte d'achever leur besogne. Combien de

victimes désignées reste-t-il encore sur leurs listes ? Nous ne bougeons pas, fascinés par l'horreur tapie dans l'ombre ; à la lettre, médusés. Quel chef d'État occidental a osé se lever, accuser ceux qui arment le bras des tueurs, et qui sont connus de tous, et dont on sait le nom collectif qui les désigne, aussi effroyable qu'a pu l'être naguère un nom comme « Gestapo » ? Silence unanime. Il est vrai que toute parole violente, proférée par une haute instance gouvernementale, pourrait déclencher des représailles, et, de proche en proche, l'apocalypse.

M. Claude Cheysson a déclaré hier que la mort de Sadate, en somme, avait son bon côté, puisqu'elle allait faciliter des négociations entre Israël et les pays arabes. Comme Proust se serait diverti à peindre cet anti-Norpois, ce singulier diplomate qui dit toujours exactement ce qu'il ne faut pas dire !

28 octobre. Au Congrès de Valence, le sectarisme le plus âpre a fait retentir les formules jacobines de 1793 dans le hall des expositions que les roses et les lavandes transformaient, me dit-on, en floralies. De M. Louis Mermaz, à propos de l'alternance : « Si nous réussissons, il n'y aura pas de retour au passé, certaines formes d'opposition auront été détruites. » De M. Paul Quilès, député : « Il ne faut pas dire " des têtes vont tomber ", comme Robespierre à la Convention, mais dire lesquelles, et rapidement. » Enfin, de M. Jean

Poperen, que nous retrouvons sans surprise lui aussi : « La lutte des classes ne s'arrête pas parce que les socialistes ont conquis le pouvoir, elle se déroule seulement dans des conditions plus favorables. » Tout laisse entrevoir, dans cet état-major, une volonté d'imposer à la France un socialisme autoritaire qui ne souffrira aucune opposition parlementaire ou journalistique. Le délit d'opinion est en vue.

Les sentiments de revanche qui animaient certains ténors du parti ont fait de ce congrès une sorte de Convention tonitruante, où l'éloquence des Robespierre et des Saint-Just, amplifiée par les haut-parleurs, prenait aussitôt des dimensions ubuesques. Une photo, parue dans la presse, montre quatre d'entre eux rapprochant leurs têtes pour un conciliabule. Elle est à faire peur.

1er novembre. La fête de la Toussaint est une des rares fêtes de la liturgie catholique qui est observée, en France, par un très large public de chrétiens et de non-chrétiens. Dans un monde voué à l'argent, au profit, aux jouissances les plus basses, et dont on peut penser parfois que c'est un monde « en perdition », il est réconfortant de voir des foules soudain recueillies fleurir les tombes et perpétuer le souvenir de ceux qui ne sont plus. La Toussaint ne fut jamais pour moi un jour de tristesse et de deuil, ni les chrysanthèmes des fleurs funèbres. J'aime errer parmi les pierres tombales sous lesquelles reposent les miens, et tant de ceux que j'ai connus, parfois aimés, et d'autres dont les noms seuls me sont familiers, car ils vécurent bien avant moi, « rustiques ancêtres du hameau », comme dit, je crois, Thomas Gray dans sa célèbre Élégie. Je goûte à cette journée un apaisement infini, sans doute parce qu'à l'âge où je suis parvenu, on aspire de plus en plus à la retraite, loin d'un monde où ma profession me fait encore une obligation de me montrer, trop souvent à mon gré. La Toussaint me ramène aussi à mes origines, à mes sources dont je n'ai jamais su et n'ai jamais voulu me couper ; et celui que je retrouve dans ce champ, non d'asphodèles mais de chrysanthèmes, parmi mes morts bien-aimés, c'est l'enfant que je fus, et qui me fait signe, petit Hermès psychopompe qui m'appelle non vers le royaume des ombres, mais vers la lumière inimaginable où nous entrerons, selon la promesse qui nous a été faite, si nous avons su redevenir « pareils à des enfants ».

8 décembre. Au moment où le président Reagan fait allusion aux menaces dont il est l'objet et accuse le colonel Khadafi d'envoyer aux États-Unis des terroristes chargés de l'assassiner, le gouvernement français disculpe la Libye de tout noir dessein. La Libye n'est plus considérée comme un pays poursuivant des activités de « déstabilisation » (admirons, au passage, le délicat euphémisme). Désormais, donc, la Libye est innocente, puisque la France la déclare telle. M. Rea-

gan doit avoir des visions. Peut-être l'attentat dont il a été victime l'a-t-il quelque peu « déstabilisé » mentalement, puisqu'il accuse un chef d'État qui, pour nos dirigeants socialistes, a les mains nettes et le cœur pur. J'entends bien qu'il s'agit ici très précisément du Tchad, d'où M. Khadafi a finalement consenti à retirer ses troupes. Mais enfin, si l'on cesse des activités déstabilisatrices au Tchad, cela signifie-t-il que l'on renonce à toute activité déstabilisatrice ? Le gouvernement français a-t-il envoyé des observateurs en Libye pour s'assurer qu'il n'y avait plus le moindre camp d'entraînement entre la frontière tunisienne et la frontière égyptienne ? M. Régis Debray, qui connaît si bien l'Afrique et les processus de déstabilisation qui s'y poursuivent, à partir de l'Angola notamment, a-t-il pu convaincre M. Mitterrand que la Libye était désormais un îlot pacifique dans ce continent si convoité ? On aimerait, enfin, savoir d'où notre gouvernement tire d'aussi rassurantes certitudes.

12 décembre. Un jeune homme inconnu m'écrit pour me dire sa solitude dans un monde où la poésie n'a plus d'audience, car il est poète, et son premier recueil publié est tombé dans un silence de mort et n'a peut-être été lu que par les deux ou trois lecteurs professionnels de la maison d'édition à qui il l'avait confié. « Si vous pouviez en parler dans le *Bloc-Notes* ! » me dit cet ingénu. Je doute que ma voix suffise à le signaler à l'attention publique, car la poésie n'intéresse plus personne,

et la recommandation d'un très vieil écrivain n'y pourrait rien changer. J'ai pu, autrefois, contribuer à « lancer » des premiers romans (Françoise Sagan, Philippe Sollers, entre autres), mais un recueil de poèmes !... Quand je pense que l'article de Maurice Barrès sur mes *Mains jointes* m'avait tiré de l'obscurité, je mesure la déperdition de l'intérêt public pour la poésie et la littérature, entre cette époque et la nôtre. Mais enfin, bien que sans illusion sur l'utilité de mon intervention, je veux bien révéler ici le nom du jeune poète, Jean Dupont, et le titre de son recueil, *Ma Muse et moi*, publié aux éditions de la Galère.

Mardi 15 décembre. La Pologne une fois de plus bâillonnée, coupée du reste du monde, livrée sans défense à une milice de robots téléguidés, la grande espérance de Solidarité anéantie en quelques heures par une idéologie qui ne tolère pas l'espérance humaine, une idéologie devenue puissance militaire, Moloch, idole affreuse caparaçonnée de chars, d'avions et de missiles atomiques : telle est la tragédie dans laquelle s'achève cette année 1981, qui a vu se multiplier les crimes terroristes et sur laquelle l'ombre du totalitarisme communiste s'est brusquement épaissie.

13 mai : attentat contre Jean Paul II ; 13 décembre : l'armée prend le pouvoir en Pologne. Comment ne pas se rendre à cette évidence : l'acharnement contre la Pologne catholique, dont un des fils, devenu pape, rayonne sur le monde ; dont un

autre fils, défiant un parti communiste tout-puissant, rallie à son mouvement de libération tous les ouvriers de son pays ? Pologne héroïque, tant de fois dépecée par ses voisins allemands et russes, martyrisée tour à tour par les nazis et par les Soviets, et qui toujours se redresse, et qui toujours prie, et qui chante des cantiques (des cantiques, et non l'*Internationale*) et qui est indestructible... Pologne, seule à sauver l'honneur de notre triste Europe...

La vague de protestation et de sympathie, en France et partout dans le monde libre, a été si immédiate et si puissante que nos gouvernants n'ont pu que suivre, sous peine d'être débordés par l'opinion publique et par les syndicats, et de se disqualifier à jamais. Mais comme on sent l'affolement ! C'est le coup de pied dans la fourmilière : toute la gent des fourmis semble perdre soudain le sens de l'orientation et celui de la discipline communautaire. Vous avez eu beau vous démarquer de l'Union soviétique, vous restez liés à elle par ce que vous avez gardé de l'idéologie qui vous est commune, le marxisme ; et tout ce qui accuse l'Union soviétique atteint cette idéologie, qui se défait sous nos yeux dans l'ignominie, et à laquelle pourtant vous êtes enchaînés. De là votre désarroi, devant un événement comme celui du putsch polonais, qui vous contraint, une fois de plus, à des distinctions scolastiques épuisantes entre un socialisme qui serait « à visage humain » et *le* socialisme tel qu'il s'est incarné, en cinquante ans, dans la plus monstrueuse et la plus meurtrière tyrannie de l'Histoire universelle. M. Lionel Jospin se précipite chez l'ambassadeur de Pologne, diplomate ligoté qui lui récitera les formules stéréotypées dont on lui a donné la consigne, tandis que M. Mitterrand et son premier ministre font des déclarations presque simultanées, mais qui ne coïncident pas tout à fait. Ne perdant pas une aussi belle occasion de mettre les pieds dans le plat, M. Cheysson, de son côté, déclare que la France n'a rien à voir avec les événements de Pologne et qu'elle ne s'en mêlera sous aucun prétexte. M. Mauroy et d'autres disent que ce qui vient de se passer est une « affaire intérieure » à la Pologne et qu'il faut se garder d'intervenir, de crainte de rendre la situation encore plus insupportable pour les malheureux Polonais. Une « affaire intérieure » ! Comme si l'on ne savait pas que l'armée polonaise appartient à l'énorme organisation militaire du pacte de Varsovie et que ses cadres supérieurs ont été formés à Moscou ? Comme si l'on pouvait douter un instant que le général Jaruzelski et son armée n'ont agi que par la volonté d'un pouvoir qui n'est nullement intérieur à la Pologne, et qui ordonnera le réapprovisionnement progressif, si l'ordre est restauré, comme il a organisé la pénurie ? Ce qui se passe à Varsovie n'est pas plus une affaire intérieure polonaise que n'était une affaire intérieure hongroise l'écrasement de Budapest en 1956 et une affaire intérieure tchécoslovaque l'invasion de Prague en

1968 ; mais cette fois, les apparences sont préservées, on agit par procuration. Cela, tout le monde le sait. Partout où jaillit une étincelle de liberté en Europe, des chars blindés se mettent en mouvement pour l'éteindre ; et le fait qu'ils ne portent pas toujours l'étoile rouge ne signifie nullement que « l'affaire » est « intérieure » au pays où l'étincelle a jailli.

Jeudi 24 décembre. Ce que l'on appelle l'actualité va si vite, ces temps-ci, que chaque journée, que dis-je, chaque heure réserve une surprise. Ce n'en fut pas une petite que d'entendre M. Jean Poperen, présentant le texte de la pétition nationale formulée par le parti socialiste pour exiger l'arrêt de la répression en Pologne, lancer à l'intention des communistes : « Quelle dérision, quel écœurement et quelle honte pour ceux qui, affirmant parler au nom de la classe ouvrière, n'ont rien à dire ! » Voilà qui me fait oublier heureusement le Jean Poperen qui s'exprimait dans un autre style au Congrès de Valence. De même, M. Claude Estier dénonce l'hypocrisie qui consiste à présenter les événements de Pologne comme une affaire intérieure à ce pays. M. Pierre Joxe, enfin, président du groupe socialiste à l'Assemblée, inflige la correction fraternelle à l'incorrigible M. Cheysson et qualifie de « faux pas » les propos dont je m'indignais l'autre jour. Ciel ! Que de conversions ! Que de palinodies !... Mais je me garderai, en cette veille de Noël, d'ironiser. Je ne veux que me réjouir de voir ce gouvernement socialiste adopter enfin des positions saines et fermes sur la situation en Pologne. Pour mettre le comble à ma satisfaction, M. Pierre Mauroy, hier, à la tribune de l'Assemblée, a osé enfin parler de « l'ingérence soviétique » en Pologne. On lui pardonne aussitôt ses prudences du premier jour. Je ne sais si ce raidissement du parti socialiste français peut impressionner l'Union soviétique ; mais je sais qu'il restitue à notre pays sa dignité.

C'est Noël. Faisons trêve de nos antagonismes et de nos querelles. Unissons-nous dans une commune pensée pour la Pologne malheureuse, dans une commune prière si nous avons foi en la prière, dans un commun sentiment de solidarité avec les peuples restés libres et avec ceux qui aspirent à le redevenir, si nous aimons encore la liberté. L'Histoire est là, qui nous saisit à la gorge. Mais cette nuit de Noël va rappeler, une fois de plus, à des millions de chrétiens, que l'Histoire des hommes se double d'une Histoire divine, celle de l'Incarnation, et qu'au-delà des ténèbres qui nous oppressent brille toujours, sur une humble étable, l'étoile de l'espérance.

DE GAULLE

L'Ombre

L'accession triomphale de M. Mitterrand à la présidence de la République ne surprit que les électeurs libéraux qui avaient voté pour lui sans souhaiter vraiment qu'il fût élu.

Elle ne déconcerta nullement les observateurs sérieux qui suivaient la politique française depuis que le général de Gaulle s'était retiré de la conduite des affaires.

Plusieurs raisons ont été avancées pour expliquer le succès socialiste de mai 1981, sauf la principale, à savoir la fatigue que beaucoup de Français éprouvaient à l'endroit d'une équipe gouvernementale en place trop longtemps, et dans laquelle, le général de Gaulle n'étant plus là, nulle personnalité ne détenait le moindre pouvoir charismatique sur l'ensemble du pays. Ni M. Pompidou ni M. Giscard d'Estaing ne jouissaient de la véritable popularité, celle qui repose sur une confiance instinctive, quasi irrationnelle, des masses. Être populaire, en France, c'est susciter l'amour des petites gens et des classes moyennes et la haine ou le dédain de l'intelligentsia bourgeoise, puisque cette dernière, qui exècre le peuple, exècre également ce qui est l'objet de la prédilection du peuple. Les membres de la majorité ne suscitaient ni amour ni haine. Les intellectuels ne leur faisaient pas l'honneur de les haïr ; et les petites gens ne s'étaient pas encore avisés de les aimer.

Ce personnel en place depuis près d'un quart de siècle ne s'était maintenu que par la grâce du général de Gaulle, dont la présence à la tête de l'État légitimait la leur aux postes qui leur avaient été attribués, et qu'ils occupaient d'ailleurs convenablement. Quand il ne fut plus là pour leur donner un semblant de consistance, ils ne tardèrent pas à paraître aux yeux du public comme des personnages surannés. Toutefois, Georges Pompidou avait eu de la carrure ; et M. Giscard d'Estaing joua son rôle avec une parfaite conscience professionnelle et une compétence à peine teintée d'un léger cabotinage. N'empêche : le peuple français ne leur avait pas accordé le suffrage du sentiment. Quelque respectables qu'ils fussent, la cote d'amour ne jouait pas en leur faveur. Ils lassèrent. Ceux qui travaillaient avec eux lassèrent aussi. Le miracle est qu'ils aient survécu douze ans à mai 1968. Selon la logique instable des cœurs français, ils auraient dû être balayés bien avant.

Ils étaient condamnés aussi par l'extension publique qu'avaient prise, au cours des vingt dernières années, certaines idées de la gauche :

202

non seulement celle de la « participation », que j'avais lancée moi-même dès 1946, mais celle de l'autogestion, plus radicale. La plupart des Français étaient maintenant d'avis que les travailleurs devaient avoir une part aux bénéfices et même à la direction de l'entreprise. L'égalitarisme, qui est au cœur de la doctrine socialiste, gagnait chaque jour du terrain dans les esprits, même, et peut-être surtout, chez les classes dirigeantes, chez ceux qui possèdent la fortune ou les moyens de production, par ce phénomène d'adaptation au siècle, ou de résignation aux progrès inévitables, qui incita les aristocrates, le 4 août 1789, à faire abandon de leurs privilèges. Chacun sentait plus ou moins obscurément que le vent de l'Histoire soufflait de ce côté-là et qu'il eût été vain de chercher à s'y opposer. Aucun homme politique, fût-il le plus conservateur dans le secret de son âme, n'aurait songé à rédiger son programme sans y inclure l'alinéa indispensable sur les « réformes sociales ». Tout le monde était réformiste, parce que l'époque le voulait ainsi, surtout depuis le traumatisme de 1968, qui avait choqué les classes bourgeoises et jeté leurs enfants dans le chahut délectable de la contestation permanente.

Ainsi le socialisme, un certain degré de socialisme, était-il entré dans les esprits. Il n'était plus l'épouvantail qu'il avait été un demi-siècle plus tôt, du temps du Front populaire. Après tout, plusieurs pays européens, la Suède, l'Angleterre, la Belgique toute proche, s'étaient lancés, avec des fortunes diverses, et parfois malheureuses, dans l'expérience social-démocrate. Un socialisme tempéré, avec, à sa tête, un humaniste aussi rassurant que M. Mitterrand, pouvait-il être si redoutable ?

Enfin, troisième raison, et non la moindre, de son succès aux élections : le parti socialiste, remis sur pied et revitalisé par M. Mitterrand, était devenu un grand parti, très bien organisé, et fort capable de tenir tête au partenaire encombrant dont il avait besoin pour opérer sa percée, le parti communiste. La diversité des tendances représentées par MM. Rocard et Chevènement pouvait être considérée comme un handicap ; mais l'habileté manœuvrière de M. Mitterrand, secondée par l'inflexible discipline des exécutants à tous les échelons de la hiérarchie, sut fondre les divergences d'opinions et assourdir l'entrechoc des rivalités internes. Pénétré de jacobinisme, ainsi que devait le révéler, d'une façon éclatante, le Congrès de Valence, le parti socialiste avait recruté la majorité de ses membres dans l'enseignement ; il était prêt à fonder, comme son aïeule la S.F.I.O. à la veille du Cartel des gauches de 1923, la république des instituteurs et des professeurs, la république des camarades.

En face de ces deux partis exemplairement structurés, au dynamisme exacerbé par un violent esprit de revanche, la majorité donnait le spectacle débilitant de ses divisions, qui, pour le grand public, était à peu près aussi incompréhensible que la lutte entre les guelfes et les gibelins dans l'Italie médiévale. La fidélité plus ou moins grande à la doctrine gaulliste était avancée comme la cause officielle du schisme ; mais la plupart des Français n'étaient pas dupes et voyaient dans l'opposition entre giscardiens et chiraquiens le heurt de deux camarillas animées par des rancunes réciproques ou par des ambitions rivales. Telles ces héroïnes cornéliennes qui envisagent froidement leur propre perte pourvu qu'elle provoque simultanément celle de leur rivale, chacun des candidats consentait à l'échec électoral pourvu qu'il y entraînât un adversaire abhorré. Leurs vœux furent exaucés. Le désistement des communistes, le vote massif des jeunes et des écologistes en faveur de la gauche avaient contribué aussi, pour une part non négligeable, au succès de M. Mitterrand.

Ce dernier avait passé vingt-trois ans de sa carrière dans l'opposition farouche au gaullisme, qu'il assimilait à un absolutisme. Il dénonçait notamment une constitution qui, selon lui, conférait des pouvoirs démesurés au chef de l'État, et il en exigeait l'abrogation ou la réforme. Quand il fut porté à la présidence, tout le monde pensa que le premier geste de son septennat serait de proposer au pays cette réforme de la constitution qu'il réclamait sans se lasser depuis près d'un quart de siècle. Il n'en fut rien. M. Mitterrand resta muet sur la constitution gaullienne. Il l'est encore à l'heure où j'écris ces lignes, le 4 janvier 1982, c'est-à-dire plus de sept mois après son entrée à l'Élysée. On se perd en conjectures sur les raisons de ce silence.

A peine installé, le nouveau régime s'empressa de réaliser les points les plus importants du programme qu'il avait élaboré avec le concours des communistes. On eût pu croire, tant sa hâte était manifeste, qu'il cherchait à socialiser le pays dans les plus brefs délais, afin de rendre irréversibles les mesures qu'il allait imposer. De fait, certaines déclarations de M. Mermaz, de M. Poperen, ou de M. Jospin ne laissaient pas subsister de doutes sur la détermination des nouveaux élus. N'affirmaient-ils pas que « certaines formes d'opposition » seraient détruites et que l'alternance ne jouerait, dans l'avenir, qu'à « l'intérieur des forces progressistes », ce qui revenait à dire qu'il n'y aurait désormais d'antagonisme que dans l'assentiment et de censure que dans l'accord, gageure acrobatique qui ne parut pas déconcerter les députés de la majorité, mais laissa perplexes ceux de l'opposition. Le ton des nouveaux élus montait de semaine en semaine, jusqu'au Congrès de Valence où il atteignit un diapason si strident que le président de la République et son premier ministre durent s'employer à en minimiser l'effet auprès du public. On eut alors le sentiment que le président serait l'élément modérateur qui freinerait le zèle combatif de troupes fanatisées. N'avait-il pas, en effet, déclaré au tout début de son septennat : « En cas d'échec de ma politique, vous assisteriez à une radicalisation en France. » Tout, dans la conduite et les propos de M. Mitterrand, jusqu'à l'allure « gaullienne » que des observateurs croyaient lui voir adopter, semblait indiquer chez lui une volonté de rassurer l'opinion.

L'opinion pouvait pourtant s'inquiéter de la contradiction majeure qu'elle voyait entre, d'une part, l'antisoviétisme de M. Mitterrand, son raidissement à l'égard de Moscou, consécutif à l'invasion de l'Afghanistan, et, d'autre part, sa volonté maintenue de gouverner en accord avec les communistes, dont quatre détenaient des ministères importants. Certes, on savait qu'il n'avait nommé ces ministres communistes que pour s'assurer le soutien de la C.G.T., c'est-à-dire la paix sociale ; mais quels qu'eussent été ses desseins à l'origine, il n'en restait pas moins qu'il était lié à un parti dont il récusait l'inféodation à l'U.R.S.S.

M. Mitterrand déclarait rester fidèle au pacte atlantique et il ménageait les États-Unis ; mais lors de son voyage au Mexique, il se posait en champion du tiers monde face aux impérialismes capitalistes ; et il encourageait les révolutions marxistes qui agitaient l'Amérique du Sud. Le 1er janvier 1982, dans son allocution télévisée aux Français à l'occasion des vœux de nouvel an, il dénonçait les accords de Yalta d'où est sortie l'Europe divisée que nous connaissons aujourd'hui ; mais il avait permis à son conseiller, M. Régis Debray, d'aller en Angola prendre contact avec une armée cubaine qui travaille à déstabiliser l'Afrique occidentale pour le compte de l'U.R.S.S. Le jeu que M. Mitterrand jouait sur l'axe Est-Ouest et celui qu'il jouait sur l'axe Nord-Sud, non seulement ne coïncidaient pas, mais se contredisaient.

A vrai dire, ces contradictions tenaient à la nature même du socialisme, dont la doctrine s'inspire directement du marxisme et dont la vocation est la lutte des classes à l'échelle internationale. La conciliation est peut-être impossible entre une conception de l'État fondée sur un idéal de liberté et une conception de l'État fondée sur un idéal d'égalité. Vouloir l'égalité des conditions, c'est vouloir les moyens de contrainte par lesquels on pourra l'instaurer, car l'égalité ne sera jamais obtenue par un consentement libre de tous les citoyens. Il faudra donc l'imposer de force, c'est-à-dire accepter un certain degré d'oppression. Les pays où règne le libéralisme tendent peu à peu vers une justice sociale dont l'accomplissement parfait ne sera probablement jamais atteint ; mais enfin, des progrès sont réalisés tous les jours, la misère recule, la servitude économique est de plus en plus circonscrite ; le capitalisme actuel a besoin, pour se perpétuer, de l'abondance pour tous ; et, dans ces sociétés très imparfaites, puisque très inégales, chaque citoyen jouit du moins des libertés fondamentales, celles de penser, de parler, de croire et de se déplacer : libertés qui ne sont pas « formelles », comme le prétendent les adversaires du libéralisme, mais vitales et dont la somme définit la liberté tout court. Dans les sociétés où l'égalitarisme est l'idéal et la règle, il faut le poids écrasant de la bureaucratie et de la police pour maintenir à sa place l'être humain, dont l'instinct primordial est de s'affirmer, de se distinguer, de dominer et de conquérir.

En posant la lutte des classes comme son but essentiel, le socialisme fait nécessairement passer au second plan le souci de l'indépendance nationale, de la grandeur du pays, et cette passion, irrationnelle comme toutes les passions, archaïque peut-être, mais qui, aujourd'hui encore, n'en brûle pas moins au cœur de beaucoup de citoyens : l'amour de la patrie. Dans un vieux pays comme la France, le patriotisme n'est pas mort, malgré tous les délires de la subversion et de la contestation, et malgré les sarcasmes des esprits forts. M. Mitterrand le sait sans doute mieux que personne. Il n'y a lieu aucunement de mettre en doute son propre patriotisme, dont il a donné des preuves, et qui éclate, peut-être malgré lui, jusque dans son amour du bon langage, de la poésie et de la littérature françaises. Ce président est aussi français que le cognac de sa Charente. Mais il est aussi un socialiste convaincu, en un temps où le socialisme n'est plus tout à fait celui de Jaurès, ni même de Léon Blum, mais une variété plus rigoureuse, plus radicale, plus tributaire du marxisme orthodoxe qu'il ne l'était il y a cinquante ou quatre-vingts ans. Comme tel, M. Mitterrand garde présente à l'esprit, sans doute en position prioritaire, la révolution mondiale, terme souhaité de la lutte des classes. C'est-à-dire qu'il est socialiste d'abord, patriote ensuite. Toutes les contradictions que l'on a pu observer dans les actes ou les propos du nouveau président français ont leur source dans cette dualité fondamentale.

En décembre, les événements de Pologne mirent en évidence le malaise au sein du parti socialiste. Les premières déclarations de M. Mauroy, très prudentes, concluaient à la nécessité de ne pas intervenir dans les « affaires intérieures » de ce malheureux pays. Puis, devant la réaction vive des syndicats (à l'exception de la C.G.T.), affirmant leur solidarité avec la cause de Lech Walesa et des ouvriers polonais, devant l'émotion manifestée dans le pays tout entier, le gouvernement fut obligé d'ajuster ses positions, sous peine de se disqualifier. Cela n'est pas pour diminuer le mérite de M. Mitterrand, qui a su, le 1er janvier, parler sur le ton qu'il fallait, et que le général de Gaulle lui-même n'eût pas désavoué ; mais enfin, le trouble extrême qui a bouleversé pendant quelques jours le gouvernement face aux événements polonais montre assez la difficulté que ce fut pour lui d'avoir à se démarquer aussi catégoriquement de l'U.R.S.S., pour ne pas perdre la face devant l'opinion française et mondiale.

L'actualité dont il est question ici, et dont je m'efforce de parler en historien, c'est-à-dire avec objectivité et détachement, comme si elle avait eu lieu dans un lointain passé, cette actualité est toujours présente ; elle est le pain quotidien dont nous devons nourrir nos espoirs et nos craintes. Il ne faut pas se faire d'illusions : la situation, pour ce qu'il subsiste de l'Europe libre face au gigantesque continent soviétique qui la presse de toutes parts, est critique. L'ombre qui pèse sur elle depuis tant d'années s'est brusquement épaissie. Il n'est que trop facile d'imaginer un scénario, dont nous avons vu la répétition générale en plusieurs points du globe, selon lequel, minée en profondeur par le défaitisme, harcelée au dehors par les menées terroristes, cette petite Europe libre, ou qui se croit encore telle, se décomposera d'elle-même en quelques jours, pour se réveiller un matin, après un putsch comparable à celui qui vient de bâillonner la Pologne, sous un régime communiste. Il ne sera même pas nécessaire que les chars soviétiques franchissent la Vistule et le Danube, ni que les SS20 lancent la mort nucléaire sur ses principales villes. Ne comptons pas sur les États-Unis. Tout semble indiquer que, la crise venue, ils abandonneront à son sort une Europe qui n'aura pas eu la volonté de se défendre. Un fort courant isolationniste se développe là-bas ; il l'emportera sans doute sur le sentiment de la solidarité planétaire. Ne comptons pas non plus sur quelque providentielle fortune. Un sauveur ne se lèvera pas pour appeler le pays à la résistance : l'Histoire ne se répète jamais. Mais rien n'est inscrit d'avance dans le ciel, ni même en enfer. Quelque faibles que soient nos chances, il nous appartient de les rendre plus fortes. Dans la conjoncture présente, le rôle de la France peut être décisif. Dans une certaine mesure, il dépend de M. Mitterrand et des autres chefs d'État de l'Europe libre que notre avenir soit la démocratie, non le totalitarisme. Cela dépend surtout de chacun de nous, et du refus que nous opposons, dès maintenant, à la servitude.

Paris, Essaouira, Marrakech,
4 septembre 1981-4 janvier 1982.

TABLE DES MATIÈRES

Pour recevoir régulièrement, sans aucun engagement de votre part, l'Actualité Littéraire Flammarion, il vous suffit d'envoyer vos nom et adresse à :

Flammarion, Service ALF, 26, rue Racine, 75278 PARIS Cedex 06.

Pour le CANADA à :

Flammarion Ltée, 163 Est, rue Saint-Paul, Montréal PQ H2Y 1G8

Vous y trouverez présentées toutes les nouveautés mises en vente chez votre libraire : romans, essais, sciences humaines, documents, mémoires, biographies, aventures vécues, livres d'art, livres pour la jeunesse, ouvrages d'utilité pratique...

ACHEVÉ D'IMPRIMER LE 25 JUIN 1982
SUR LES PRESSES DE L'IMPRIMERIE
HEMMERLÉ, PETIT ET CIE A PARIS
Dépôt légal : Avril 1982
N° d'éditeur : 9617
N° d'imprimeur : 2661